El amor todo lo puede

El amor todo lo puede

Algunos poemas de la Concordia

LESTER BENJAMÍN ZELEDÓN NARVÁEZ

Número de Control de la Biblioteca del Congreso de EE. UU.:   2017904089
ISBN: Tapa Dura   978-1-5065-1945-6
                Tapa Blanda   978-1-5065-1947-0
                Libro Electrónico   978-1-5065-1946-3

Información de la imprenta disponible en la última página.

Fecha de revisión: 15/03/2017

Para realizar pedidos de este libro, contacte con:
Palibrio
1663 Liberty Drive
Suite 200
Bloomington, IN 47403
Gratis desde EE. UU. al 877.407.5847
Gratis desde México al 01.800.288.2243
Gratis desde España al 900.866.949
Desde otro país al +1.812.671.9757
Fax: 01.812.355.1576
ventas@palibrio.com
758580

ÍNDICE

PROLOGO

Lester Benjamín Zeledón es descendiente de la concordia, de mi tío Modesto Zeledón y mi Tiita Teófila Zeledón, este libro es una recopilación de poemas de la juventud a la actualidad, son poemas enfocados en el amor, de una manera sencilla y profunda, aborda temas como el destino cuando señala en el proceso del amor;

Mi destino será
Aceptar tu parte mala
Amar tu parte buena

Son versos muy profundos que nos dicen que debemos aceptarnos para ser felices y muy sencillos de entender.

Nos habla del tiempo;

Dicen que el tiempo
es el mejor consejero
y que lo cura todo
la verdad, yo no quiero
que el tiempo me cure
y mucho menos quiero
que me de consejos,,,,,
,,,,, para mí el tiempo se detuvo
cuando te conocí.

Sobre todo nos habla del amor a su Madre que es su
todo, su antes, su ahora y su después;

y atrae mi niñez aquel beso dulce
cálido que vive en mí, que nunca
se ha ido, nunca se fue, apenas
aquel addd,,, me hace sentir vivo
te he amado siempre, te voy,,,,
amar siempre

como el mismo dice,,,, la luz de mi todo

Yo en realidad la recuerdo porque fue mi madre,
de alguna manera aprendí muchas cosas de ella, me
amo como madre y me alimento como padre, fue
todo para mí y me siento feliz porque fui moldeado
con sus manos, amado con su corazón, guiado por
sus ojos, educado con su sabiduría, protegido con su
valor, siempre ella nos amó y nos protegió siempre.

Quise hacer este prólogo a mi primo porque es una
forma de decirle que no está solo que su familia y los
que lo conocemos y lo amamos estamos con él, porque
la calidad de este libro es de incalculable valor, porque
nos enseña a ser nosotros mismos, a ver el mundo de
una manera sencilla, sin envidia, sin egoísmo.

Primo en hora buena le deseo éxitos en su nueva
vida y en este bello homenaje que le dedica a su
Madre, esa gran mujer sencilla, humilde y sabia.

Argentina López
Fotógrafa profesional.

ES POESÍA PARA TODOS

Un poeta escribe metáforas
que lucen amor, ternura, frescura
dolor, tristeza, felicidad, pasión
sensualidad, sueños, esperanzas
un poeta es utópico a ultranza
vive un mundo de belleza
en el tránsito de la verdad
las emociones del poeta
salen de su corazón cósmico
son metáforas que dicen
al lector ese soy yo, es mi vida,,,

ESCRITO UNO

La Poesía es la voz del alma del Pueblo.

A MI MADRE LA LUZ DE MI TODO,

Marta Miriam Narváez Guerrero nació en Managua el 4 de Noviembre de 1,939 hija de Nicolás Narváez e Esilda Guerrero, desde muy niña mostró talento natural por la educación a la cual se dedicó toda su vida.

Fue maestra de varias generaciones, realmente Dios le dio mucha inteligencia la que utilizo siempre para hacer el bien, ella siempre dijo no tengo nada que le haga daño el Sol y lo tenía todo porque Cristo ocupo siempre su corazón, siempre leía la biblia aun en los últimos días de su enfermedad, siempre se ocupó por enseñar aun enferma, hay miles de jóvenes que aprendieron de ella ciencias, que con su ejemplo aprendieron a ser hombres de bien, siempre hasta en sus últimos días recordó a sus padres a quienes amo con toda su alma, su mayor preocupación era la honradez, decía Cristo nos enseñó amar a Dios con todo el corazón, el alma y la vida y amar a nuestro prójimo como nos amamos nosotros mismo, el verdadero Cristiano es el que da todo lo que tiene, no podes amar a Dios con tus bienes materiales, lo tenes que amar con tu corazón, tus bienes materiales no te hacen Cristiano, decía Marta Miriam podes hacer toda una teoría del valor de tus bienes materiales, podes decir que el mismo Dios te los dio, pero, Cristo le dijo al joven rico vende todo lo que tenes y daselo a los pobres y seguime, no podes seguir a Cristo acumulando riquezas, eso es no ser cristiano.

Marta Miriam fue Sub-directora del Instituto Ramirez Goyena, fue Sub-directora del colegio de este centro evangelistico, fue maestra de generaciones, esa fue su misión en la tierra y la cumplió dando lo más que pudo de sí misma, educando cuanto pudo a quien pudo, realmente se notó siempre la diferencia cuando Marta Miriam educaba, lo hizo siempre con la sabiduría que Dios le otorgo para hacer el bien y dar conocimientos a muchos jóvenes que hoy son profesionales, que son honrados hombres de bien, si hay algo que debemos recordar de ella es su honradez y la sencillez y humildad con que siempre trato a su prójimo, esa su forma de ser, es la base de la sabiduría que Dios le dio, la humildad de su corazón y la sencillez con que trato a todos por igual, esa su forma de ser sociable con todos los que la conocieron, con sus vecinos con quienes compartió la mayor parte de su vida, siempre estará Marta Miriam levantándose de madrugada para ir a dar clases, siempre estará educando a alguien, aconsejando a alguien, ayudándole a alguien, siempre andará caminando por las calles orgullosa saludando a sus amigos y conocidos, con el orgullo en su sonrisa, en su mirada, en sus palabras, el orgullo de ser Maestra de tiempo completo y en la felicidad que otorga la convicción del deber cumplido y la felicidad eterna de ser Cristiana y haber compartido siempre con sus hermanos en Cristo la palabra de Dios.

Yo en realidad la recuerdo porque fue mi madre, de alguna manera aprendí muchas cosas de ella, me amo como madre y me alimento como padre, fue todo para mí y me siento feliz porque fui moldeado con sus manos, amado con su corazón, guiado por sus ojos, educado con su sabiduría, protegido con su valor, siempre ella nos amó y nos protegió siempre.

EL PROCESO DEL AMOR

En la vida
todos tenemos un destino
es la síntesis
de tus ideas, de mis ideas
es el hilo
que limita lo malo
que engendra lo bueno
que separa
el amor del odio.
Mi destino será
aceptar tu parte mala
amar tu parte buena.

Cuando tengas una flor
procura regar la plantita
pensa que tus ojos son el sol
que hacen la química
y la mantienen feliz
joven, radiante y cedosa.

Si vas por el camino
pensando en tu destino
mira hacia atrás
antaño te dio penas
te dio besos, te dio abrazos
por eso al caminar
pensa que aún podes amar.

En lo azul del cielo
volas gaviota volas
con tus alas extendidas
como aureolas de victorias
llevas gaviota llevas
en tu tierno corazón
el hilo dorado
de nuestro destino
en tu pecho
el camino recorrido
y en tus ojos de sol
mi bella y feliz flor.

SILENCIO

Tal vez es mejor callar
y no decirte nada.
Verte indefinidamente
y no querer conocerte.
Demostrarte que te quiero
y que lucho por vos
y por mi pueblo,
sin sentir tu cariño.
Acariciarte
en la suavidad del viento.
Y, besarte
en lo cálido del agua.
Tal vez es mejor callar
y no decirte nada,
tal vez mejor mañana
vos podes hablar por mí.

QUISIERA AMARTE

Quisiera recorrer tu figura
sentir el silencio de tu alma
medir la intensidad de tu cuerpo
crear la humedad de tu piel.
Quisiera amarte toda la vida
descubrirte caricia a caricia
inventarte beso a beso
cubrir de imaginación
tus sentimientos.
Quisiera ser el camino
que procura hacerte feliz
al que recordes sutilmente
si te encontrás a solas con la luna.
Quisiera ser tu ternura
cada vez que penses amar.

NO ES TAN FACIL

Pareciera tan fácil
vivir la vida sin vos.
Quizás no te veo,
porque no te toco
porque mis manos
no recorren tu cuerpo
camino al paraíso de los dioses.
Pareciera tan fácil
imaginarte toda mía
sin estar con vos,
toda a mi lado
disfrutando de los latidos
de tu corazón.
Y no es que sea tan fácil
y es obvio,
mis manos segundo a segundo
recorren tu cuerpo
y cultivar la tierra sagrada
de los dioses.
Y no es que sea tan fácil
imaginarte toda mía
que segundo a segundo
estoy siempre con vos
y siento los latidos
de tu corazón todos míos.
Y no es que sea tan fácil,
es difícil, es amor.

NO SE QUE ME GUSTA MAS,,,

Te conocí en una escuela no,
creo que fue en la calle, y
…,,andabas arborizando
sembrando plantitas en la tierra
y limpiando la maleza.
Luego te vi en la escuela si,
ahora estoy en lo cierto
no sé que me gusta más de vos
si la tez bronceada de tu piel
o tus bellos ojos de miel.
La verdad, cada vez que te veo
sin quererlo me intimidas
y me provoca gritar que me gustas,
que ahora mi paz está en silencio
con deseos de conocer tu geografía.
Navegar en tus caudalosas aguas
cabalgar por tus mágicos senderos
subir y bajar el monte del Olimpo
y entrar suavemente a tus entrañas
por el maravilloso túnel de Venus.
Disfrutar tus cálidos jardines
saciar la armonía de tus pasos y,
al final soltar las riendas
hasta que los rayos de la luna
nos abriguen el último aliento.

EL MANGLE

Mi primera impresión
es sentirte tan cerca
y verte tan lejos,
caminamos por la vida
vos por la bajada del río
yo por el trío del campo
vos bajando la quebrada
que lleva a la poza de la virgen
yo camino al mangle de la orilla del río
que divisa impasible las aguas cristalinas
deslizándose suavemente entre tus pies.
Aunque, reconozco que vos sabes
que mis ojos impregnan tu piel
prefiero creerme inadvertido
deleitándome con el agua bendita
que moja tus labios y baja invisible
por la frescura de tus pechos
aunque, ingenuo crea que solo yo siento
que mis manos esquían tus muslos
y mis piernas aprisionan tu vientre,
la realidad, es que vos estas presente
y tus labios mojan los míos.

La realidad, es que vos también
vivís y temblas de emoción
desde la bajada del río,
imaginando aquel mangle
que a distancia, por las tardes
a la bajada del sol, compartimos
yo extasiado y vos mojada
tensando tus pechos con los míos,
entre mis muslos apasionada, amarrando
mis piernas intranquilas
sensible, aguardando mansa el delirio final
que traspasa mi vida a tu vida
cuando nuestro amor emocionado da a luz
y los hombres nos volvemos notables.
La realidad, es que vos en ese río
y yo en este mangle, somos uno solo
y nos conducimos en el mundo
por el delicioso sendero del néctar
que mitiga la pasión y calma la sed
que transpira la paz de nuestras almas
hasta que el manto de tus aguas
y la sombra oculta de mi mangle
placenteros acarician infinitamente
el susurro de nuestro apacible aullido
ahogado, agitado, complacido.

NO FUISTE

Tu mirada
se quedó en mi
no la puedo evadir
no fuiste lo que esperé
nunca estuviste conmigo
las tardes siempre
fueron las tardes
y vos nunca viste conmigo
la caída del Sol
la Luna iba y venía
y nunca te encontré
en la aurora
no fuiste lo que esperé
nunca estuviste conmigo,
pero fuiste
lo que siempre soñé.

ASI NACI

Esto recuerdo,
nadé sin parar
por el túnel de la vida
y luché como fiera
hasta encontrar el nido
fue un largo tiempo
la habitación cálida,
buen servicio culinario
mucho amor y arrumacos
muchas risas y muchos besos y,
lloré como condenado
nadie me avisó!!!
porqué, me echaron del hotel
quizás por mala paga
por glotón ó por necio
debe ser por todo eso
porque me pegaron y bien duro.

QUE TE CUESTE

Ya puse de mi parte
mis ojos impacientes
te buscaron en la muchedumbre
y te dijeron,
hola preciosa
mis labios sublimes
sonrieron expresivos
y te dijeron,,,,,,,,,,,,,,,, ricura
y a propósito,
la otra vez en la plaza
te dije hola
y la otra vez
en la parada de bus
te susurré ¡¡¡ adiós !!!
ya estuvo suave cariñito
ahora seguís vos.

GABRIELA

De repente la conocí
toda bella, cálida, locuaz
mis brazos ásperos y chúcaros
asaltaron la inquietud de su alma,
muy emocionada comentaba a su Ángel
y fíjate ese troglodita me agarró y me dijo,
y por nada, pero nada
y vos que le dijiste? Nada, de nada!
Yo la seguí emboscando en las esquinas
fui su escolta en la parada de bus
el caminante hasta la puerta de su casa
la voz en sus prósperas reuniones
el oído de todos sus pensamientos,
fui la solidaridad de sus frustraciones
el momento de sus luchas cotidianas.
Hice todo lo que pude como amigo
y hasta lo que no pude como hombre
conquisté la gloria como los santos
navegando sobre una alfombra de nubes
por el camino azul del infinito cielo
y con la complicidad de una constelación
de estrellas y una legión de espíritus
inventamos el rostro de nuestra alegría.

NO ES CIERTO

Sabes estuve volando en el éter
entre un buqué de nubes
y un desfile de estrellas, astros y meteoros
con esa pasión cosmonauta
llena de sonrisas, abrazos y lamentos,
pletórico mí corazón brincaba de alegría
filmando una y otra vez como truhan
cada milímetro de tu piel y cada segundo
de tus suspiros, de tus gemidos
te tocaba con mi voz y mis ojos aruñaron gozosos
la intensidad de tu encanto
una y otra vez navegué en tus aguas profundas
cabalgué tus campiñas como potro salvaje
las sonajas del cielo sonaban excitadas
mi cuerpo mojado con tu cuerpo, incansable,
subía, bajaba, esquiaba, esculpía, cultivaba
detrás del sollozo, encima del quejido
creando una melodía galáctica
con el éxtasis de nuestra unión sublime
libidinosa y sabes, no es cierto
nunca te he tenido, solo que cuando te veo
ese pantalón tan apretadito, pletórico
mi corazón brinca de alegría
y la historia se repite una y otra vez.

SUEÑO DE ESPERANZA,,,

Siento el calor agradable
de tu piel entre mis brazos
la luna está llena
y en el cielo las nubes gaseosas delinean
mansamente tu rostro Angélico
una estrella alumbra la estancia
de la primera constelación
la Osa Mayor llama al cometa
solo vos y yo abordamos el vuelo
navegamos en el éter pintado de azur
inventando un mundo justo
nuestro primer proyecto
nace con la sonrisa de niños
asidos a la cola luminosa del cometa
los campos labrados por manos de
hombres y mujeres de barro
las fábricas agregando valor
a los bondadosos frutos de la tierra y,
vos y yo, cantando a la vida,
pariendo las nuevas letras
que abonan nuestra felicidad
un gallo canta muy de mañana y el frío
se mete en mi cuerpo
sos vos mi amor, te fuiste
y solo me dejaste la esperanza de
nuestro sueño nocturno.

EDRIEL

Pensando en vos he pasado esta vida
abrigándote con todas mis fuerzas
y la voluntad de una hueste de espíritus.

Por el día,
cuando toda tu belleza
abraza cálida los rayos del sol
y las rosas con sus pétalos abiertos
bondadosas me obsequian tu aroma.

Por la tarde,
alistando el pincel
que soberbio dibujará tu alegría
con las acuarelas de tus pechos
y la cándida magia de tus labios.

Por la noche,
cuando en mi lienzo creo una melodía,
con las cuerdas de tu piel
y la lira de mi alma,
y tus muslos y tus piernas,
sediciosas se cruzan con las mías,
con la mística de Marte, la pasión de Venus
y toda la generosa imaginación de Edriel.

TUS DOTES

Con una sonrisa tuya
los Ángeles construyen la alegría azul
los jardines producen
con inmaculado candor, esencias
y perfumes de flores y rosales que visten
al día de aromáticos y seductores delirios,
la noche se pone de gala
y sonrosados galanes
atisban el amor en tus labios sensuales.
Con una mirada tuya
las hadas madrinas cristalizan los
conceptos ternura y dulzura
la casta se hace un placer celestial
cultivada en el calor de tus ojos
los Monarcas del mundo
se quedan atónitos
prestos a cumplir todos tus deseos
con solo un gentil de tus gestos.
Con un saludo tuyo
se detienen asombradas las épocas
y las modas se llenan de clase
la música aflora devotas sinfonías
genios afrodisíacos sonríen admirados
y príncipes y vasallos, apetecen extasiados
escuchar el susurro de tu cálida voz
excelsa fragancia de esencias naturales.

CORREO COSMICO

Estoy sentado debajo de la luna
una estrella fugaz pasea en el cosmo
las nubes delinean tu rostro celeste
y se me ocurrió enviarte un correo,
le dije a un astro, si la ves
decile que estoy recordando
la tarde que la conocí
ese día la hadas madrinas
brotaron la belleza
mi alma se vistió de sonrisa
y una Diosa con halagos divinos
mostró su esplendor,
en la galería magnifica
de los salones azules
mostrasen deidades soberbias,
La Madona del Gran Rafael
sonrió al ver tu porte Angélico
una musa cósmica
halago tu mágico brío,
un trío de rayos fugaces
afinó una melodía
en la sala de música del cielo
y una serenata de espíritus tiernos,
deleito tus sentidos en el paraíso
de los Dioses galácticos,
y yo aquí sentado debajo de la Luna
en el pasto sagrado de la madre tierra
tan lejos estoy de vos y tan cerca estás
siempre vos de mí, mi amor.

LO ACEPTO.....

Es cierto, me equivoqué
pase todo este tiempo
esperando que vinieras,
con mis quimeras me escondí
en la estación que nunca existió
y en el espacio que en absoluto construí,
mi alma mundana trotó
por los derroteros del cosmo
y penó en la taberna azul,
la vil pluma terminó con miles de tinteros
y nunca atino, ni un solo epígrafe,
ni centenas de folios, ni miles de tomos
pudieron decirte que te amo
que mi aire existe por vos
y el agua del manantial
es purificada con los filtros
de tus magníficos recuerdos
y aunque ahora sos ajena
mi corazón aún palpita
porque sos realmente feliz.

MORAL Y ETICA

Se puede hacer mucho,
y se puede decir poco,
si tu corazón tiene
la vocación de amar.

ME DA RISA

Me río:
Para que el tiempo
no se burle de mí
y la distancia
no se de cuenta
que te amo.

FUE UNA VEZ

Fue una vez en las montañas
de casualidad te conocí con un amigo
me quedé impresionado de tu imagen
creo que ya estaba enamorado de vos
con toda la expresión de mi conciencia.
Fueron varias veces que te vi en la plaza
con tu cotona gris, las botas de hule
y el pañuelo amarrado al cuello,
por cosas del destino nunca me atreví
ni siquiera a saludarte, solo te observaba.
Hasta que te encontré tranquila, intrigada
en nuestros buenos tiempos de estudiante
quizás es mejor el diseño que el cálculo pero,
para bien a nosotros no nos funcionó
ni vos pudiste diseñar nuestro lugar
ni yo pude calcular nuestro espacio.
Es ahora después de tanto tiempo
que me doy cuenta lo importante
que fue compartir con vos
una parte de mi camino
de todo lo malo siempre queda lo bueno
que nos impulsa a construir un nuevo amor
sin recelos, sin rencores, sin reservas.

TU ESENCIA...

Hoy quiero escribirte
todo lo que quiero ser para vos
como el Coronel a su cazadora
quizás no con palabras tan bonitas
ni versos tan profundos
como los de Gustavo Adolfo.
Yo solo quiero ser tu esencia,
quiero que me sintás
esencialmente tuyo.

VOS SOS MI GUSTO,,,

Me gusta
cuando me levantó en la madrugada
porque tú eres el Sol de la mañana
que da vida a mi vida
para labrar la tierra de nuestros padres
y alimentar de amor a nuestros hijos.

Me gusta
cuando llevas las tortillas al comal
porque yo soy el fuego de la fogata
que construye la ternura de tus manos.
Me gusta
cuando calmo mi sed en la quebrada
porque tú eres esa agua que empapa mis labios.

Me gusta
decirte que te amo
porque como el machete
hace conmigo la ronda
y el hacha hace conmigo la leña
tú haces conmigo la jornada y,
compartimos como amigos los problemas
y como amantes les encontramos solución.

Me gusta
la luz gris de nuestra luna
al caer el día en las tardes de montaña
porque tú eres mi insaciable pasión nocturna.

Me gusta
sentir que nos amamos
porque tú eres mi abecedario
y yo el aprendiz escribano
cautivado en la gruta de tu corazón.

ASI TE VEO,,,

Creo que lo normal es decirte
que te quiero porque al verte
con esa bondadosa belleza que tienes
de hecho todo el mundo te amaría.
Pero, yo te quiero por tú espíritu
me gusta compartir contigo el mundo
la dulzura con que demuestras tú amor
hacia el prójimo débil y desprotegido
creando una vida fácil con tú conciencia.
Y es que a decir verdad,
es lindo saber que compartes
de alguna forma tus bienes
cristianos, éticos, morales y materiales
que tu vida la perpetúas forjando el futuro
para que el equilibrio social y ecológico perdure
y los humanos nos tengamos a bien.
Algún día por mujeres como tú
habrá armonía y la naturaleza florecerá
de todos y a todos, no habrán modelos
ni sistemas económicos alienantes
que nos expongan a ciudadanos
del primer mundo o que nos ultrajen
como ciudadanos del sexto mundo
simplemente seremos ciudadanos
de un mismo mundo.
Por eso si te aseguro que te amo
con toda mi alma, como solo es posible
amar a nuestro padre celestial.

VEGETACION

La lluvia cae
moja la tierra
el Sol sonríe
la Luna canta
nace el Bosque.

EL AURA HABANERA----

Érase una vez en la vida
te conocí una tarde en la Habana
platicamos y platicamos
tantas tonterías, tantos comentarios
me sentí todo expuesto
a la espera de tus signos
cómo saber que deseabas escuchar
después de tantos laísmos.
Yo todo trémulo y fresco
intenté cultivar tu jardín florecido
habité por momentos tu piel
descubierta con mis labios
inventada con mis besos.
Tus pétalos de nardo
me obsequiaron su seda
y las azaleas excitaron mi espíritu
esa mágica tarde de azul y de gloria,
La humedad de tus manos
invernaron mi aliento
y nuestra pasión sintetizada
escaló los Alpes
bajo un ígneo verano inefable
esa tarde sagrada de azul y de gloria.
El aura habanera asombrada
despertó a la aurora complacida
en el místico teatro de los héroes
con la música de su tierna sinfonía
durante quince lunas y quince soles
esa tarde bella de azul y de gloria.

LA MICA

Una vez en Zínica conocí a la Mica
en la raíz de un árbol a la orilla del río
una culebra negra, larga, delgada.
El primer día no me bañé
salí asustado, la mica
se deslizaba toda elegante
con la cabeza en alto y los ojos fijos.
Le pregunté al campesino
que me podía pasar
él me contó; la mica no es venenosa
solo te da latigazos
con su cuerpo alargado.
Al día siguiente regresé al río apurado
me tenía que bañar obligadamente
por el olor que era mucho
más fuerte que el miedo.
Y me bañé, el agua estaba
riquísima cristalina, tibia,
tuve la impresión que era
el mismo manantial de Dios.
La Mica se siguió deslizando en el río
con su acostumbrado ritual señorial
tuve la impresión,,,,
que era mi fiel compañera.

LO ANDADO...

Por la esquina de lo andado
de las vueltas y revueltas
leo tu alma rebelde
en la geografía de tu piel
pegada en la mía.

TUS OJOS

Me encantan tus ojos
tiernos como la luna
intensos como el sol
humildes, bondadosos
como tu corazón.

ANTONIA

Me dijiste que te escribiera un poema
que más quisiera yo poseer esa virtud
tratar de escribirte lo más bello
lo más sublime que te podas imaginar.
Me dijiste que te escribiera un poema
y yo te he inventado miles
uno que dice
la Rosa más bella
se llama Antonia
otro que dice
la Fragancia más embriagadora
se llama Antonia
otro que dice
el Vino más exquisito
se llama Antonia
la Amiga más Amiga
se llama Antonia
la Mujer más Mujer
se llama Antonia
el Corazón más noble
se llama Antonia
el Amor verdadero
se llama Antonia la…,,,
…,,, se llama Antonia.
Me dijiste que te escribiera un poema
¿Pero cómo?
La poesía se llama Antonia.

AMORES DEL SOL----

Ahora que recuerdo
que estaba con sed
que padecía de insomnio
y pasaba todas las tardes
ensayando en el espejo….
sabes, me gustas
desde el primer día
que te vi en Amores del Sol
solo sueño con vos, con
tu sonrisa sensual, graciosa
modelando tus labios
rojos, carnosos, tentadores…,,,
Mis ojos te besaron
miles de veces, en miles de lunas,
mis brazos joviales
te dieron miles de abrazos.
En lo inmenso del nirvana azur
te entregue mi alma, con
las aguas cristalinas del río
el fuego sacro del Sol
el albor místico de la Luna
la brisa tenue de Octubre
las flores amarillas silvestres
las trinitarias violetas,
las amapolas blancas.

Ahora que recuerdo
vos me diste más que eso
me enseñaste a sentirme vivo.
A sentir Dolor
A ingerir Placer
A transpirar Amor
A respirar Paz
Ahora que recuerdo
vos te fuiste quizás lejos
te fuiste a miles de kilómetros,
tal vez hace miles de años
dice tu familia que te fuiste.
Yo no sé si vos crees
que eso sea cierto,
que ya borraste mi nombre
de la lista de tu alma,
no sé si es posible
comenzar con el Dos
con el Tres o con el Cuatro,
no sé si vos crees
que en realidad te fuiste.
Yo todavía no me he dado cuenta.
Yo todavía me siento vivo.

MORFEO

La tarde estaba puesta
el acecho vino buscándola
la noche hizo el clímax
la sentí tan cerca de mi
cálida, locuaz, amable, aritmética.
El día excitado, tenaz
especuló, tanteó, apostó
los dados cayeron, rodaron
el teatro estaba preparado
la tierra estaba mojada.
Se levantó el telón
Rosas blancas, amarillas, rojas,
fuegos intensos, infinitos
susurros de Venus, pasiones de Marte
inventaron la tarde de nuevo.
Compareció la brisa gris
el acecho regresó
la tarde se maquilló
se fue por el abra azul
Morfeo se la llevó.

RECUERDOS DE PRIMAVERA

Yo sé que no entendí
te vi caminando
inmensa, impetuosa
ibas de Norte a Sur
buscándome con tus ojos
esperando algún saludo
algún nos vemos o alguna sonrisa.
Estabas bella, ansiosa,
tu rostro irradiaba vida
detrás de los vidrios del auto bus
me quede viéndote atónito
todo introvertido, sorprendido
además, orgulloso y presumido
estabas modelando para mí.
Ni las mejores pasarelas de Europa
lucieron tanto como la acera de tu casa
desde entonces no ha existido
ni existirá de futuro en la orbe
ni una sola divina Afrodita
más espontánea, más tierna
más ilusionada que vos
resplandeciste tanto
que los demás pasajeros
quedaron fascinados, incrédulos.
Y yo se que no me viste
y también se que nunca te lo quise contar
se que nunca tuve valor
se que fui frío, ingenuo,
ahora te lo digo
porque te mereces una disculpa
alguna explicación

para que sepas que siempre
has sido importante para mí
tanto que solo vos y yo sabemos
que esa madrugada
mientras vos caminabas
luciéndote bella, ansiosa
yo me despedazaba observándote.
Y me parecía mentira
tu corazón se besaba con el mío
no quería creerlo y fui egoísta
nunca lo quise contar
porque ese recuerdo solo es nuestro
y está más allá del bien y el mal
nunca nadie se imaginó
que nuestros nobles corazones
esa madrugada de Mayo
lloraron y sonrieron agitados
vos modelándome
en la acera de tu casa
y yo retraído, emocionado
detrás del vidrio del auto bus y…,,,
,,,…fue difícil entender
el amor camina en el espacio
se entrega a través del tiempo
vive en tus bellos ojos rebeldes
se desliza por tus labios
tiembla en tus pechos
se desplaza por tu vientre
y no importa quién lo entienda
o quien se oponga
solo vos y yo lo sabemos
no importa que se vayan los años
que lleguen a veinte o a cien
vos aún tenes catorce y yo dieciséis.

MABEL,,,,,,

Dicen que el tiempo
es el mejor consejero
y que lo cura todo
la verdad, yo no quiero
que el tiempo me cure
y mucho menos quiero
que me de consejos
solo quiero decirte
para que nunca lo olvides
para que lo sepan todos
y para que no sigan los chismes
para que lo sepas y lo sepan
para mí el tiempo se detuvo
cuando te conocí.

AQUELLA TOCADITA,,,,,,,

Sí algún día
nos encontramos
ojala que sea
como aquella vez
la Luna estaba llena
la noche estaba fresca
y debajo de una tentadora
galería de estrellas
tus labios tiernos
cálidos, tocaban los míos.

VOS TE QUEDASTE CON TODO,,,,

Será que mi alma
se ha entregado tanto
más de lo que esperaba
menos de lo que te di !!!
la última vez
en las Palmas
nos dimos
los últimos besos
los últimos abrazos
las últimas caricias,
será que mi alma
se quedo pegada
en tu piel !!!!

JOHANA

Te perseguí
como desesperado
y me subí en una mesa
vos creíste
que te ibas a escapar
la profesora gritó
pero, yo te bese
y no podes decir
que no te gustó
porque estoy seguro
que aún te acordas
porque nadie te ha dado
un beso más rico que ese.

EL CAÑA BRAVA,,,,

No sé como olvidar
esa mañana húmeda del Caña Brava
el río tapaba los muros
del puente en construcción
el IFA no pasó
y nos regresamos.
Una pañoleta floreada
se lucía en tu cuello de Cisne
mis ojos rozaron tu piel trigueña
mis labios acariciaron tu aliento
mis brazos te sintieron apasionada.
Miguel Ángel esculpió
a Nefertiti Reina de Egipto
toda divina, natural
vos misma sos por esencia
divina, natural, original.
Las montañas de Camoapa
lucen con tu presencia
maravillosas, incomparables
como los jardines de Babilonia.
cuando vos te bañas en el Caña Brava

Cleopatra se muere de envidia
al ver sus aguas convertidas
en burbujas de leche y miel
con una sola caricia de tu piel
y sonríe emocionada con tu belleza
imaginándose por Dios misma
deleitada como Reina y soberana
de las placidas montañas
en Amores del Sol.
Mi mente aun divaga
y vuela en el éter azul
dónde vos estas y donde
te imagino toda mía, allí
en el paraíso de las afroditas
mis ojos aún rozan tu piel
mis labios acarician tu aliento
mis brazos te cubren apasionados
como aquélla vez en el IFA
camino del Caña Brava
cuando la brisa se volvió
bendita en tu rostro.

TODA UNA GRAN SEÑORA,,,,,

El Cielo estaba encendido
una San Nicolás rebozante
brincaba en el Caoba
la Chena se refrescaba
con su comadre Cleotilde
en la enramada de Cálala.
La Cleo estaba de ataque
con los cuechos de la Chena
ay comadrita le decía
el Amor es ciego, es sincero
pero, no es pendejo.
Dice la Chena, a la Cleo:
Tito su hombre arreo a la Tule,
se la llevo a la Tapisca
y la complació todita
y con todas las extras.
Las plumas quedaron
por ay, en el sembrío.
Dice la Cleo…,,,
,,,una gran hembra
se queda quedita o cobra quedita
como toda una gran Señora.

CAMOAPA

Te recordaré
en cualquier lugar del mundo
en el primer sorbo de mi café
en el último trago de una embriaguez.
Te recordaré
en mi plena adolescencia
en el saludo de un amigo
en el encuentro de una sonrisa
en la búsqueda de un abrazo.
Te recordaré
en la tierna brisa de un 23 de Abril.
Y, repetirás
lo feliz que fui contigo
en los favores que me hiciste
las veces que fui amado.
Y, susurrarás
el futuro no es mi olvido
ni mi estilo, ni mi aroma
más tu añorado pasado
siempre estará conmigo.
Y, te recordaré
en mi último suspiro.

MADRE

Cuando busco amor
recuerdo tus ojos.
Cuando busco calor
recuerdo tus brazos.
Cuando busco comprensión
recuerdo tu paciencia.
Cuando busco inteligencia
recuerdo tu sabiduría.
Cuando lucho por la vida
recuerdo tu ejemplo.
Cuando me siento débil
recuerdo tu firmeza.
Cuando me siento enojado
recuerdo tu serenidad.
Cuando estoy feliz
recuerdo tus sonrisas
tu voz y tu cariño
Cuando me siento triste
recuerdo tu alegría.
Cuando me siento solo
me recuerdo en tus brazos
disfrutando tu cariño.

Cuando estoy feliz
recuerdo tu ternura
llenando mi vida
de amor, de sonrisas,,,,
,,,,, de fe y esperanza.

MARTA MIRIAM

Es difícil explicarte esto
vos que todo hiciste
que inventaste la noche
que abriste la madrugada
vos caminadora incansable
nunca vacilaste, no dudaste
no tuviste miedo, ni apenas
incansable obrera de la palabra
que un solo de tu sonrisa y tu voz
y tu mirada y tu ternura, y tu amor
ocupo toda mi vida,,,, bajaste
las gradas concentrando letras
filtrando conocimientos
augurando futuros fulgurantes
bajaste aquella mañana de tus labios
un leve adiós, agudo, penetrante
que hace eco en mi alma
y atrae mi niñez aquel beso dulce
cálido que vive en mí, que nunca
se ha ido, nunca se fue, apenas
aquel adddd,, me hace sentir vivo
te he amado siempre, te voy,,,,
amar siempre,,, nunca nadie

se dio cuenta las vidas que sembraste
con tu cultura en sus vidas
aquí estoy diciéndote, nosotros
lo vivimos en carne propia
lo sentimos en carne propia
la cultura es un don de Dios
vos la compartiste, la diste
a miles,,, el libelo del arte
se trae en la sangre, esa misma
con la que vos naciste y viviste
tu sonrisa es arte, luz, felicidad
orgullo del deber cumplido
te acordas aquella mañana
al lado de mi cama, todo raro
debajo de un plástico frio
abrí los ojos y te vi arrecostada
lloraste y sonreíste y me abrazaste
y me besaste, y le diste gracias a Dios
y,,,, no me fui,,,, y nunca te fuiste
te voy amar siempre, por los siglos
de lo siglos,,, siempre, como aquel niño
de ocho años que seco tus lagrimas
con su mejía,,,, siempre.

MI REFUGIO,,,,,

Estoy siguiendo nuestro destino
y me refugio en tus bellos ojos de miel.
Por el camino vamos y nos vemos
venimos y nos encontramos.
Como los caminantes eternos
los parte senderos, los inventa abras
los fabricantes de lágrimas
los conquistadores de alegrías
nos aventuramos y volamos.
Andamos diseñando avenidas
y casas llenas de felicidad
y nos encontramos Luna tras Luna
en el mismo parqueo oscuro
las mismas promesas, los mismos
cazadores de libertad, esgrimiendo
falacias, capturando fortunas.
La historia se repite, eruditos analistas
inventados periodistas, inventando y....,,,
...,,,me refugio en tus bellos ojos de miel
con la esperanza de no perder mi norte.

REFLEXION

N°1
Y la sangre fluye
chorrea a borbollones
si sumas miles de años
quizás comprendas
la ecuación de la vida…,,,
la distancia del hombre a Dios
se llama voluntad.

N°2
Y me llego el deseo
de vivir bien
con dolor, con placer
y con paz y con amor y…,,,
en un mundo de amistad.

N°3
Y quiero ser
eternamente feliz
perdonar y que me perdonen
aceptarte con tus culpas
amarte con tus dones.

N°4
Y vivir en paz
sentirte mía en el día
hacerte mía en la noche
quiero que Dios desde el cielo
me vea como un niño
amamantado con tus pechos
vehemente entre tus piernas
colgado de un hilito de voz
alcanzando la vida eterna.

IMAGINADA

No estaba seguro
si quería
a la que habitaba
dentro de ti
o a otra
inventada por mi.
No estaba seguro,
solo de esto
estaba seguro:
que tu amor
me sostenía
y me llenaba
y me consumía.

RUTH,,,

Sentí tus labios como dispuestos
me informaron, a lo mejor
tal vez, es probable
quizás, pueda ser y…,,,
…,, los míos te respondieron
iré a la rivera del río a mojarme el alma
quiero sonreír con los peces
oir el eco de los caracoles
respirar el oxígeno de los árboles.
Quiero sentarme en la orilla
juntar las piernas, agarrarlas
con mis manos entrelazadas
apoyar la quijada en las rodillas
levantar los ojos al cielo
mandarle un besote a Dios.
Quiero verte una y mil veces
en la plaza sideral, sentada
en la sala de las estrellas
conversando animada
con mi compañera Luna
escalando las muros de Venus.
Quiero abrazarte con el sol
acariciarte con la tarde
cubrirte con la noche
mimarte en las madrugadas.
Quiero sentirte con mi vida
te esperaré, se que vendrás.

TU SONRISA

Voy a guardar tu sonrisa en mi corazón
para editarla con mi alma.

TU VOZ

Me encanta tu voz
porque desnuda mi alma
y atiza mi cuerpo.

IMAGINO

Imagino aquel beso
en aquel bar de la bahía
las aguas calmadas y dulces
frescas como tus labios,
estoy escuchando detalles
envuelto en los trazos
de tu piel, casi ahogado
al borde, en el abismo
de tus piernas,
aferrado a tu amor y
sin sentido común.

LA CREACIÓN

Dios quiso que hubiera vida
y creó los cielos, los mares y la tierra
hágase la luz y la luz se hizo y…,,,
…,,, la luz se hizo día y la oscuridad noche
y nos puso el sol y la luna y las estrellas
y nos proveyó de flora y nos proveyó de fauna.
Por último
Dios hizo al hombre
a su imagen y semejanza
formó el barro de la tierra y creó a Adán
le sopló el rostro para darle alma
vida inteligente y libre voluntad.
Dios le dio casa al hombre
un bello jardín con árboles frondosos,
flores y rosas radiantes y sedosas
ríos cristalinos y animales bondadosos
la llamó el Edén le mostró
el árbol de la vida y el árbol de la muerte y le dijo,
no puedes comer el fruto del árbol prohibido.
Adán vivió muy feliz en el Edén,
disfrutaba de la fragancia
de los árboles y de las flores
gozaba con los animales
y los nombró a todos
con el tiempo comprendió
que era el único sin par
y comenzó a sentirse solo y triste.

Dios que siempre lo observaba
se dio cuenta y de su costilla
le dio por compañía una mujer
y la llamó Eva
ó madre de todos los hombres.
Adán y Eva no caminaban ropa,
ni joyas, ni zapatos, no eran prejuiciosos,
ni tenían vergüenza vivieron muy felices
ante la presencia de Dios.
Hasta que de las tinieblas
apareció la tenaz serpiente
y tentó a Eva para que comiera
del fruto prohibido, Eva tentó a Adán,
que viendo a su mujer también comió.

Dios que siempre los observaba
se dio cuenta y los arrojó
para siempre del Edén
y desde entonces la mujer
pare con el dolor de su vientre
y todos los hombres venimos al mundo
con el pecado original.

MICHELL,,,

Tus ojos explícitos ceden amistad
amor, compasión, confianza
tu sonrisa espontánea seduce mi alma
es tan poco el tiempo que conozco de vos
y tan grande el momento que mi aliento
acaricia el paisaje de tu piel
las subidas y bajadas exploradas
los Oasis y Montañas descubiertos
la sed elocuente, el apetito aguerrido
están en tus manos a la espera
de una exquisita idea que digan
tus labios, que revelen tus ojos
que modelen tus mejías
que ingenie todo tu cuerpo
cualquier idea tuya es suficiente.

IZEL

Estoy deleitándome
en una exposición de obras sacras
bellas artes de Musas divinas
una Madona expresiva
con sonrisa de cielo
me grita a voces, izel
y un Cupido muy gracioso
me avisa, izel
el Querubín de mejías rojizas
cabellos de oro rizados
me confirma izel.

EL SALTO

Viéndote en el río
siento que nadas en mi piel
agitada con aguas termales
de la brisa tibia de la cascada,
siento la primavera de tus besos
amarrada a mi labios,
y, no te quiero soltar
no vale soltar tu cálido aliento,
entre sinuosas caricias
prendes mi corazón, cazadora!
Y delineo tu piel con los ojos cerrados
atravesando todas las vidas imaginadas
tanteando la tocadita más sutil
cosida con los ojos de mi alma
extasiado, olvidado de todo
escurriéndome por toda tu piel
entre las aguas del salto.

YA LO SE

Sabes, ya lo sé
soy la nueva información
de tu memoria
el nuevo huésped
habitando tu corazón
y aunque lo querrás evitar
ya no podes negarlo
ya es muy tarde
es un camino sin retorno

SALITE

Voy de camino en camino
llevando mi vida
por la mira del mar
es tan poco preocupante
si salgo del sol y entro a la luna
amarrado a tu piel y a tus labios
arenosos, saladitos, vividos
y vengo por la avenida
viendo pasar un auto
y no te veo y me pregunto
por qué no te salís
que has hecho vos
para estar como las brujas
poniendo agujas en mi corazón
y que hago yo, para no querer sentir
tan amargo, contagioso, pegajoso
emocionante y dulce dolor.

TODO EXPUESTO

No sé si la Luna es blanca
las fogatas a veces las veo verdes
el Sol si existe es rojo
a veces me cuesta hablar
prefiero que mi corazón hable
quizás con mis ojos
por curiosidad, has leído algo
te han dicho como te veo
ya vistes que aruñan tus labios
o pueda ser que te hable
el color de mi voz,
lo has notado, tal vez, es azul
en algún momento
te hable con mi sonrisa
la viste como siempre decía
te voy amar siempre
o fueron mis gestos
que danzaron para vos
excitados a flor de piel

la verdad siento que fui yo mismo
solo esa vez, en esa ocasión,
todavía no puedo ver
si la Luna es blanca
me cuesta volver a encender
el verde de mi fogata
el Sol nunca más lo vi rojo
te sigo buscando
en tus labios, hay veces leo bien
el mensaje de tu sonrisa
tus ojos me dan esperanzas
y tu voz la veo azul
a veces nos sintonizamos
y otras huimos
como que nunca nos sentimos
y amándonos y con ganas
como siempre al borde
del precipicio, con miedo
de caer, nos refugiamos
como siempre en el olvido.

ASI TE QUIERO

Me gustas así
con tus pechos sencillos
que cubren tu corazón
de ángel de la guarda
me gustas así
con esa cadencia
que practica tu cintura
avisando el fuego
que esconde tu tesoro
me gustas así
con tus ojos de luceros
alumbrando el camino
que nos lleva a la caverna
en el recodo del olvido
expiando el dolor
como amantes
fugitivos, cautos, silenciosos y,
sediciosos llegamos los dos
y nos colgamos
y nos quedamos
sin aliento, pero,,,,,…..
….,,,los dos.

LA TOCADITA

Aquella tocadita
dulce de tus labios
sabía a néctar de vino,
tus labios
esencia mística
de tu corazón,
palpitante tu pecho
palabreaba tus besos
sellando mis labios.

DALE LLEVAME

Llevame con vos
metido en tu piel
saciando tu amor.
Demostrame que andamos
vivos por el mundo
libándonos el alma.
Deseando nuestra piel
seda de valles vírgenes
alumbrada, cimbrada, colmada.

EL AZAR

Estuve al azar
anhelando tus besos
disfruté de tus labios
blancos lirios
remansos de leche y miel
tus ojos fueron mi guarida
y tus pechos
la fuente de mi pasión
estuve al azar
inventando colores
velando tu aroma
extasiado por tu amor.

TU ALIENTO

Abracé tu aliento
con mi voz,
era como miel de higos
meloso en mi paladar,
disfruté el sabor
de tu piel bronceada
tez morena angelical
viñera del amor
dueña de mi pasión,
con mi voz
apresé tu aliento
y lo hice mío, solo mío
encadenado a mis labios
para que ya nadie más
escuche el susurro de tu alma.

Y OCUPO TU AMOR

De Verano
En el lecho del río
corre la vida y no solo los peces
están los álamos blancos y los mangles,
a la orilla un buey toma agua
y una mujer llena su tinaja,
en los mangles las aves retozan
las gaviotas van y vienen
el cielo esta azul con sombras blancas
que nadan y se cruzan unas con otras,
el viento sopla levemente
arrastra las Garzas
que alzan el vuelo como aureolas,
los hombres tiran anzuelos
y el Sol calienta los pasos
cálidos de la mañana fresca,
un raspadero grita con ánimo
los raspados a cinco pesos,
allá al fondo de las enramadas
se oye la música arranca montes
unas chavalas se contonean

con las notas de las marimbas
y el son de los timbales
entre tanto movimiento
el eco de tu voz me hala
y mis sentidos se inquietan,
el tacto de mis dedos desliza
una gota de agua en tu espalda,
mis labios sienten el calor
de tus besos, deleitando uvas,
el gusto se hace real
y se respira aire puro,
tu aroma prende mi piel
entonces me levanto
y camino a la choza, calmado,
con el alma abierta dispongo
ocupar para siempre tu amor.

EL FINAL

Todo se terminó
el día, las tardes, las noches,
se fue el olvido
que siempre vio a la Luna
color de hormiga,
al Sol que vagaba de noche,
los banales recuerdos
de las verdes montañas
destinados a perderse
con la primera lluvia de Mayo,
todo comenzó en Primavera
y lo descubrimos en Otoño.

YA NO SOY

Hasta cuando tus labios
sensuales invaden mis ansias
hasta cuando tu sonrisa
tierna atraviesa el espacio
yo no soy el Sol de tus abras
ya en la aurora amanezco sereno,
en el lecho fugaz de tus rasgos
el aliento encadena cálido
las huellas que dejan mis pasos
atravesando brumas, estepas
multicolores, ceñidas en las nubes,
solo soy aquel que un día
te quiso robar un beso fortuito
un abrazo sencillo y un pedazo
de Luna, que talló en las noches
ocupadas con desvelos y sueños
conclusos, que vos nunca viste
transitando, en la estela azul
evadiste mis lienzos manchados
con la presencia del vacío inerte
y navegaste en el cosmo rebelde
rompiendo los lazos de la felicidad.

SOY ESO

Parece mentira
vos decís que andas en el campo
y siento que soy el pasto
que sustenta tu alma
soy la brisa inundando tu tez
y el Sol que paciente descansa
en tus ojos y baja a tus labios
y se llena de energía
como paseándose por tu cuerpo
como queriéndote tocar y sin remedio
te lleva por las idas y venidas
por las subidas y bajadas
de un campo que solo existe
si vos estas allí
y si a cada paso te llevo
como queriendo tocar el cielo
como queriendo asaltar el cielo
como queriendo vivir en el cielo
bajando por las sendas de tu piel.

TE ODIO

Te quería escribir algo bonito
pero ya no, porque te odio
por hacerme sentir esto
que me está matando
y que me hace sentir vivo.

LA VIDA!!!!!!

La vida,,, a vos te gusta la vida?
que te gusta,,, la vida!!!!!
yo quisiera morir y despertarme
en algún lugar,,, limpio, puro
porque la vida actual, esta vida,,,,
es la de lucifer, la traición, la envidia,
el egoísmo, la cizaña, el engaño
la vanidad, las apariencias, la mentira
esta vida!!! no me gusta,,, para nada.

VOS SOS

Vos sos todo lo que necesito,,
mis sueños navegan el cosmo de tus letras
sos mi paciencia hecha distancia,,,
sos la siembra de mis arrebatos nocturnos,,,
el halito de vos que susurras
al compas de la quinta sinfonía de Beethoven,
a la llegada del tiempo nuestras miradas conspiran
entre aurora, luna y sol,, que se pierda el tiempo,,,
no lo necesito, vos sos, amor,,,,
mi horario vespertino y nocturno.

NO FUE POSIBLE

Siempre esperamos
vos que yo te viera
cuando me buscabas
yo que ella me viera
cuando la encontraba
vos te emocionabas
si te miraba
yo sonreía al verla a ella
los dos vivimos lo mismo
aunque no fue posible,,,,
,,,,que importa
fuimos felices, desde entonces
vos soñando conmigo
yo entregándome a ella
vos fuiste semilla
yo el abono de tus sueños
yo fui llama
ella el agua de mi fuego
y a los dos nos dolió
vos porque no me tuviste
yo por que la encontré con él.

Y VI EL HORIZONTE

Hoy te vi pasar
con tu caminado sencillo natural,
altivo, sensual.
Con tu tierna mirada
seductora, apasionada.
Me quede viéndote!
hasta el horizonte.
Te acaricié
con las yemas de mis dedos
y con toda la extensión
de nuestras siluetas que..,,
…,,,tal vez, en un futuro
para siempre serán nuestras,
o quizás, serán de otros.
Y seríamos otros
Vos con El y Yo con Ella.
Sin embargo,
Vos vas amar
como me has amado a mí.
Y Yo amaré, con todos tus besos
con todo tu corazón.
Como solo Vos y Yo
somos capaces de amar.

QUIZÁS EL TIEMPO

Después de tanto tiempo
de aquel primer beso
tierno, dulce, adolescente,
de las primeras citas
en la esquina y en el parque,
de las primeras confesiones
de los primeros secretos
de nuestro amor
llegamos al momento
que tanto hemos soñado.
Después de tanto tiempo
nos amaremos todas las noches
inventaremos caricias y besos,
fabricaremos un mundo de vida
lleno de amor, lleno de luchas
un mundo de aciertos y desaciertos
un mundo eternamente nuestro.

SOLO ESTO IMPORTA

Lo único que importa es oírte
verte, sentirte, acariciarte
lo demás que se vaya al diablo.

SABELO

Solo una vez te lo digo
quiero sentirme amado
con vos o sin vos.

POR SI ACASO

Si alguien dice que te amo
decile que no es cierto
que no solo te amo
sino que vos me amas
que nos amamos
para que sepan
que es amor verdadero.

IMPOSIBLE

Podes encontrar alguien
que te acaricie hasta el éxtasis
que acepte tu mundo
que vos tengas tiempo
para tertulias y tiempo
para pasarla a tu gusto
pero nunca vas encontrar
quien haga de tus caricias
un mundo de poesías.

SOS MI TODO

Todo sos mi todo
sin vos no soy nadie
no pienso, no sueño
no lloro, no amo,,,
sos mi todo amor.

ME TENES

Nunca me fui amor
solo fue una travesura
un atrevimiento
creer que podría
vivir sin verte
que solo eso es suficiente
para no pensar
y no saber de vos
no puedo amor
no puedo, amor
tenes mi corazón
me tenes todo.

SOS MIA

Pienso que si vos sos mía
como en realidad lo sos
tu azul llenaría mi mundo
trotaría en el cosmo, apenas
visible, apenas tocable
pues vos lo llenas todo
porque sos mía, porque
nacimos para amarnos
para crear felicidad
para sonreír, para soñar
para complacernos y,,,
,,, por eso no pienso
que sos mía, en realidad
solo existo en vos.

SOÑA CONMIGO

Buenas noches,,, amor
nunca habia amado
nunca habia sido feliz
gracias amor
gracias por ser mi libertad
gracias por liberarme
por hacer de mi
tu esclavo, tu amor
gracias amor, gracias
por llenar mi vida de felicidad
por darme la libertad del amor.

TRAMPOSA

Te conocí un día de verano
tramposa, no me dijiste que,,,,
eres bella, una Reina, una Diosa
y mi corazón quedo atrapado
en las redes de tu ternura, de tu belleza
me quise salir, pero vos me hablaste
quede hipnotizado con el color de tu voz
quise huir y te hiciste pantano
me hundiste en tu piel, en tu alma
vivo en tus pechos, en tus labios
en mis bellos camanances
en tu sonrisa seductora, amorosa
en el sublime brillo de tus ojos
pero vivo amor, vivo feliz
gracias por haberme enseñado
a amar, a ser feliz, a vivir feliz
soy feliz amor, soy muy feliz amor
porque soy tuyo, porque pertenezco
a una Reina a una gran Dama
integra, honesta, sincera y,,,,
,,,mía, solo mía, para siempre mía.

TE NECESITO

Te necesito amor,,, porque
aunque vos no estés
nunca te has ido
sos el aroma que navega en mi piel
la sonrisa que acaricia mis labios
sos amor, la brisa de Abril
tendida en mi cuerpo
te necesito amor
tus besos llenan mi vida.

CUANTO MAS AMOR

Llegando a lo pensado
que más debe pasar
cuantos te amos
cuanto amor, cuanto
me vas adorar.

ES VERDAD

Solo hay una gran verdad
somos nuestra felicidad
nos amamos como si solo
vos y yo existimos.

ME MUERO POR VOS

Estoy feliz
estoy infinitamente feliz
ella volvió a mi
nos encontramos
en nuestra cabaña
feliz,, feliz,,, feliz
fueron besos,, caricias
volví a sentir su amor
sus te amo, sus soy tuya
siento que volví a nacer
que estoy vivo otra vez
la amo,, oh Dios la amo
soy inmensamente feliz.

SI TE VEO

Cuando te veo
mis ojos quieren
arrodillarse a tus pies
mis labios besártelos
y mi sonrisa decirte
lo feliz que me siento
al estar con vos.

TE VOLVÍ AMAR

Hoy volví amarte
como antes, como siempre
te miro en el silencio de mi alma
recostada en mi pecho
cruzando nuestras miradas
sin decirnos palabras
sonriente, acariciando el color
de tus besos, de tus caricias
me deleita tu aroma, impregnado
en la geografía de mi piel.

TUS OJOS

Son tus ojos preciosa
son tan bellos
tan apasionados
que intimidan mi cuerpo
y dan insomnio
perpetuo al amor.

DE A GRATIS

Qué problema este
y de a gratis
no he dormido nada
hay alguien en mi iris
que detiene el tiempo
que borra la distancia
está en mis labios
en mi pecho, en mis brazos
se metió en mi corazón
es una truhana
lo acapara todo
no quiere que duerma
la encuentro en mi comida
esta conmigo en el baño
va conmigo a la calle
porque es medio vaga
para colmo, se mete
en mi sueño, siiiiii
que problema este
amar con locura
como sino existiera
nadie más que ella.

SOLO SE ESTO

Solo vos amor
podes hacer mis días de luz
en la aurora de primavera
llegaste a mi vestida de azul
nada nos separara
estoy con vos para siempre
desde el Sol del este
hasta la cascada del horizonte
te amo,, solo se que te amo.

AL AMANECER

El nuevo amanecer
en tus brazos
felices linda
viendo al horizonte
que vio nacer
nuestro amor juntos
viviendo un sueño
de caricias
de besos
de abrazos
de placer
todo nuestro amor
lleno de vos.

TE VEO EN MI PIEL

Sabes amor
cuando veo y toco
la textura de tu piel
siento que estoy navegando
en el cielo azul
que me conduce al amor
encuentro sonrisas
miradas tiernas
aliento delicioso cálido
tocaditas de labios
tenues húmedas
tus dedos recorriendo
mi cuello, mi pecho
mi espalda, mis muslos
siento tu vientre desnudo
provocativo pegado a mi
siento el movimiento
tu amor subiendo
por mi cintura
sabes amor te amo
cuando te veo y toco
amor estoy en el cielo azul
entregado a vos
compartiendo con vos
soñando con vos
amándote a vos,,, amor

MIA POR SIEMPRE

Si estás conmigo
es para siempre
no hay ida ni venida
no podes decir
no te quedes o no te vayas
vos estas metida en mi
para siempre
soy solo alguien
que te encuentra cada segundo
en mi piel, en mi sonrisa
en mis andares, en mi palabra
en el color de mi voz
quizás vos pensaste
que es fácil dejarme
quizás ya te diste cuenta
lo difícil que es vivir sin mi
que tu vida ahora, es la distancia
que burlaste por mi
y el tiempo,
cómplice de esto, nos une
y nos mantiene vivos
para siempre.

EL MEDIO VUELTO

Si amor yo me di cuenta
me sorprendí!!!!!!
cuando contuviste tu aliento
mi cuerpo se lleno de vos
tensa, tierna, locuaz
se fue todo mi furor
entre tus pechos
entre brumas y quejidos
entre placeres húmedos
y venidas desesperadas
agarrado de la ternura
que navega apasionada
en la geografía de tu piel
colgados de un susurro
por todo el cosmo
vos mía y yo tuyo
rociándonos de leche y miel
perdidos en la complicidad
de nuestras caricias
sin aliento, fundidos
en un solo cuerpo.

EL CIELO INMENSO

,,,El cielo es inmenso
en algún punto del infinito
abrí tus alas y vola
elevate hacia el sol
no penses en mis labios
segui adelante, busca
tu mar interior
no existe condición
para amar, ser o no ser
sentir o no sentir
no existe otro mundo
ni amarras provinciales
la pasión no se frena
llega cuando amamos
se queda si es verdad
vola en libertad
regresa si nos pertenece
no se explica, no se toca
se siente, se vive,
y si no regresa,
si busca otros cielos
donde anidar sus sueños
sentir los brazos de otro amor
rociar su piel con nuevas mieles
si encontró la huella
de sus antepasados
del mundo que cree habitar
de su felicidad
en hora buena,,,
,,, Dios bendiga el amor.

TU JARDINERO

,,,Mi amor quiero
ser tu jardinero
levantarme al alba
abrir tus bellos pétalos
y entregarte el rocío
que te haga radiante
calidad, tierna, dulce
que tu sonrisa me llene
y tu valle de gemas
reciba con agrado
la espada libertaria
cada segundo del día
cada momento
paso a paso, entregarnos
como si fuera la primera vez
o la única vez que nos amamos.

INVENTARIO

A tu favor
puedo decir
que tus besos
son dulces
habidas caricias,
que tus labios
invaden mi tiempo,
que tus pechos
son la fuente
de mis deseos,
que tu felicidad
acaricia mi corazón,
en mi defensa debes saber que,,,,
,,,,no puedo vivir sin tu amor.

MARIPOSA

Tengo una mariposa
viviendo en las montañas
ella alza un nuevo vuelo
se escapó del cazador
que la mantuvo cautiva
ella ahora se rescató
es libre, es bella, es tierna
sonríe con mágico brío
sus alas se extienden
todas sublimes en el cielo
esta invernando en los polen
de los rosales, rojos, azules, verdes,
la esperanza la trajo
al valle del amor,
vestida toda de Luna
la pasión retornó, la siente
suya, propia, llega al éxtasis
vehemente, complacida
ahogada, colgada de,,,
,,,un halito de voz.

QUIERO INVENTAR

Con tus ojos
voy inventar la ternura
vas a ver que el Sol
nos servirá de lucero
para que vos hagas
con el manto de la Luna
un lienzo, que diga, amor,,,
,,,tuya por siempre.

SOS MI HUMEDAD

Quiero mojarte
toda de arriba abajo
quiero acariciarte húmeda
con mis brazos indomables,
descubrir tu piel húmeda
ponerte el calor de mis besos
que nuestro aroma
llegue al infinito del cielo
que navegue entusiasta
en el limbo de las estrellas.

CUANDO YO QUIERA LINDA

Vas a ser mía
cuando yo quiera,
en la armonía
en el color de tu voz
en tu sonrisa
en la luz de tus ojos
en tus pensamientos
en tu silencio, en tus hallazgos
en tus ilusiones, en todo,
cuando yo quiera
te voy a poseer.

VOS SOS MI MARCA

Para que te des cuenta
llevo el alma
marcada con tu amor
tengo tus besos, tus caricias
tengo las señas de tus labios
los arañazos en mi espalda
tengo tus susurros
tengo tu espalda arqueada
tengo tus pechos
pegados en mis labios
tengo tus piernas
amarradas en mi cintura
y tu ida al Olimpo
la primera vez
que me hiciste tuyo.

PORQUE SOY TUYO

Porque si respiro
inhalo tu aroma
porque si suspiro
te entrego mi alma
porque cuando duermo
despierto en tus brazos
porque cuando despierto
habito tu alma
por qué ????

SOS ESO AMOR

Sé que sos
mariposa del norte
el camino al cielo
una danza de nubes
un concierto de estrellas.
Se que sos
una mañana de Marzo
la brisa de Abril
el Sol de verano
la Luna de primavera.
Sé que sos
la llegada al muelle
el ancla del paso
el nido de Venus
la guarida de Martes.
Sé que sos,,,,,,
,,,lo demás no me interesa.

QUE QUERES QUE HAGA

Te extraño,,,
es una sensación hermosa
me traes recuerdos
que precisan mi alma
vienen a mi tus labios
cálidos, tentadores
tu voz dulce, confidente
tus ojos reveladores
tu sonrisa seductora
tus palabras, tus versos
el momento que indicaste,
para habitar tu corazón
te extraño amor!!!
decime, qué puedo hacer?

VIVO EN TU PIEL

Mariposa del norte
llegaste a mi vida
en la aurora de invierno
convertida en lucero
que alumbra mis abras
camino a la fuente azul
donde anidan mis sueños
sin fronteras, ni dogmas
libres como el aire
como el Sol y la Luna
bajo la potestad de Dios
trascendimos el tiempo
alcanzamos la distancia
de nuestros labios
abrazamos el encuentro
con un beso cálido
con un sonrisa fresca
en un solo cuerpo
tu corazón y el mío
se aman en el campo
con la lluvia, con el sol
con la luna, las estrellas
las nubes, los rayos
alcanzamos la plenitud
con solo un solo sentir
es bello estar con vos
vivir metido en tu piel.

SOLO QUIERO VERTE

Solo buscaba tu sonrisa
con eso me decís te amo
solo quería ver tus ojos
que me gritan soy tuya
solo quería sentir tu aroma
para sentirme tu dueño.

VUELO AZUL

En algún espacio del mundo está mi mujer
es una bella dama que doblo mi corazón
como la teoría de la relatividad de Einsten
todo depende de la masa y la velocidad de la Luz
mi amor divago en las curvas del universo
acercándose y alejándose del Sol
como un péndulo iba y venía, fui
traicionado con suspicacia, ventaja y alevosía
mi vuelo aún no llega a su puerto
está lleno de energía cósmica, mis alas
hacen picadas sublimes buscando perfección
buscando un nuevo amor, planeando en los acantilados
aunque un día fui cruelmente herido
con premeditación, ventaja y alevosía
herido y sin remedio, vilipendiado por el mal,,,
nunca se dice nunca,,, mi vuelo infinito
está a la espera de otro fiel y otro azul inmortal.

ESA ES MI MUJER

Amor quiero que el mundo
se muera de envidia
que me digan que bella tu mujer
quiero que sepan todos
si es bella, si es tierna, si es dulce
es culta, es honesta, es inteligente
si es mi mujer y la amo y la adoro
es la luz de mi abra azul
el nido cálido de mi corazón
es ella mi tesoro, mi paciencia
la única que siente, que vive
los momentos que nos faltamos
que nos une, que nos llena
buscándonos, en la ternura
de sus ojos, de sus labios,
de sus sonrisas, de sus caricias
en el Aire, en el Sol, en la Luna
en la ansiedad que vivimos
que nos mantiene vivos
que nos hace felices, porque
nos amamos, nos necesitamos
para seguir existiendo y,
nada ni nadie nos podrá separar.

SIEMPRE ESTA ALLÍ

Saben me quitaron el mundo
dejaron mis pasos inconclusos
estoy solo y a oscuras
mi alma está al margen
trotando solitaria meditabunda
por los derroteros del cosmo
sin saber a dónde voy
ni de dónde vengo, creo
que el amor llego a mi
como un pasajero fortuito
me dejo, se fue, partió
que puedo hacer?
me quede amando solo
en el muelle de la esperanza
amando por los dos
viviendo por los dos
con la convicción y sabiduría
que este amor, el que se fue
yo no lo vi partir,, está allí
vive feliz, radiante ,,,, pletórico.

TE AMO PASE LO QUE PASE

Tus heridas son las mías
las que llevamos grabadas en la piel
las que sanamos con nuestros corazones
las que curamos con besos, caricias,
las que nos llenan de ternura
las que nos hacen amarnos, mas, mas
hasta que desaparecen, y,,,,
realmente nunca existieron
nada nos hace daño si nos amamos así
así amor, como si nosotros
fuéramos los dueños
de la felicidad del mundo, así amor
solo vos y yo soñando, viviendo,
hablando,,,, amándonos

SOLO AMÉMONOS AMOR

Amémonos amor
dejemos a un lado las dudas
no tenemos tiempo
no podemos perder un segundo
un te adoro, vale más
que un no puedo
un te amo es más hermoso
que un no entiendo
amémonos amor
solo eso importa, solo eso
nos mantiene vivos.

ALLÍ VIVO

Siempre estoy en tu corazón
busco cualquier momento
para decírtelo, te necesito
la rutina me lleva a vos
a cada instante, en cada espacio
te veo metida toda en mi
disfrutando a tiempo tus labios
tu sonrisa, tu ternura, tus caricias
siempre estoy en tu corazón
aunque vos no lo querrás
allí vivo, es mi habitación
allí me voy a quedar siempre.

SIN RETORNO

Te busque mi amor
estabas tierna
recostada en mi pecho
soñabas conmigo
con nuestro primer poema
del nuevo huésped
que habita en tu corazón
así encontraste el camino
de nuestro amor,,,, sin retorno.

MIS BESOS

Me gusta escribirte besos
ponerlos en tu espalda
esquiarlos en tus pechos
trotarlos en tu ombligo
llegar al centro de tu vientre
y quedarme con vos
llegando con vos
al olvido del todo.

TU AROMA

El viento trajo tu aroma
en el venia escrito
el sabor de tus labios
tu tierna sonrisa
la frescura de tu piel
tu corazón y el mío
felices navegando unidos
amándose en el cosmo.

NUESTRO NIDO

En la cabaña
todo va pasar
seremos vos y yo
inventando caricias
fabricando placeres
llenando mi vida
de besos, de caricias
tocando mi corazón
con tus te amo,,,
yo en vos visible
viviendo en vos
sintiendo con vos
existiendo por vos,,,
,,,soy inmortal con vos.

VOS LO MERECES

Si vas,, está bien
llevate mi corazón
podes recordar
que te pertenece
si encontras alguien
mejor que yo
que te sienta, que sepa
acariciarte, mimarte
llenarte de besos
amarte como yo
entonces anda
hace de mi lo que sea
cuando encontres eso
voy aceptar todo
porque en otros brazos
tenes la felicidad
que te he entregado
eso es lo que importa
lo demás amor mío
no existe,,, es la nada.

VOS SOS MI PENSAMIENTO,,,,

Un hálito de alegría
habita en mi alma
llego con luz de invierno
cobijada de primavera
en los albores otoñales
se convirtió en mi memoria
en la ruta de mi corazón
esta conmigo en todo
cuando pienso, más aún
cuando no pienso, porque,,,
,,,,existo solo en ella.

SIN CADENAS

He estado pensando en vos
sobre la vereda del río
bajo la sombra de la arboleda
mi corazón sereno vuela
en las ráfagas del viento
llevándote mis besos
dándote miles de abrazos
mi amor, nos tenemos
pase lo que pase, siempre
estaremos juntos amándonos
viéndonos a los ojos
sonriéndonos, besándonos
sintiéndonos rebosantes felices
porque somos libres y nadie
puede encadenar el deseo
de tenernos, de sentirnos.

SOLO MÍA

Creo que nadie te ha amado como yo
nadie te ama como yo, no es soberbia
nadie te va amar como yo, porque
sos mía, solo mía, y nunca podrás
dejar de ser mía. porque te amo
te amo como fuiste, linda
te amo como sos preciosa, te amo,,,,
,,,,,como serás, bellísima y solo mía.

ME ENCANTA

Estas en mi mente, toda divina
habitando nuestra cabaña
entro en la habitación
tu aroma ocupa cada rincón
me recuesto en la alcoba
disfrutando el sabor de tu piel
veo como tu espalda se arquea
siento tus pechos tensos
exhibiendo tus bellos pezones
escucho tus te amo, tus soy tuya
suplicando, ámame, tómame
toma todo tu territorio, alcanza
los susurros del éxtasis, gemís
haceme, tuya mi amor, amor tuya
colgada de un te amo, de un te adoro
placida exclamándose, me encanta amor
me encanta ser tu mujer, solo tuya amor.

NOS AMAMOS

Solo hay una gran verdad
somos nuestra felicidad
nos amamos como si solo
vos y yo existimos.

DESENCANTO

Estoy pasando a vivir
en el olvido de la nada
donde solo escucho
el eco de mi voz
que es el viento
que trae a mi recuerdos
de un gran amor
hecho sonrisa, hecho
caricia, que llego al puerto
sin el encanto de ayer
con el trato de izar velas
zarpar al océano azul
buscar aquellas estelas
que perdí a destiempo
en el susurro encantado.

SOS MI GLORIA

Vos sos la gloria,,,,
sos mi gloria amor
sos el paraíso
que Dios me dio
para hacerme
eternamente feliz.

DECIDITE

Cuando decidas hacer algo
hacelo, al final la vida es dinámica
como el agua de los ríos
y las aves del cielo que vuelan
libres, soberanas, dueñas de si misma
hacelo, si te equivocas, volvelo hacer
hasta que un día, lo hagas bien
vola en las curvas de Einsten
donde alcances al Sol, pasando
por sus negros agujeros
y los rayos ultravioleta no detengan
tu caminar en las pistas del cosmo
y te sintas bien con vos misma
vola con tus propios principios
humanos, éticos, morales, se vos misma, con
tu propia auto estima, tu propia personalidad
porque haciendo es como se aprende.

AL MENOS

Y si tengo que callar
con las cadenas del hambre
amarradas en mi cuello
al menos debo decir
que no muero por placer
sino por el gusto del patrón
que mato de hambre a mi familia
desde antes de nacer.

SOY LIBRE

Escribo para sentirme libre
decirte que el viento es libre
la luna es libre metáfora
cobija al amor y la belleza
el solo es llama libre
que enciende el valor, el honor
la verdad y la justicia
escribo para decirte que,,,
sino sos vos,,, no sos nadie.

ALGÚN DIA

Atraves del tiempo
llegó el amor, en décadas
navego en caudalosos ríos
en el tiempo que vos lo llenaste
libre de adjetivos, sinónimos
prosas profanas habidas
navegó sin frenos
donde vos lo dejaste llegar
llegó, hizo de todo por vos
y lo que no pudo hacer
porque vos no quisiste
lo hizo por el, para seguir
sumergido en los ríos
que el amor avivo
como llama infinita
ocupando todos los tiempos
habidos, tenidos,,,,,esperados.
Algún día,,, no se cuando
vas a desear mis labios
a sentir la angustia
de no tener mis brazos
rodeando tu cintura
ese día te voy amar mas
porque,,,, sos mi llama viva
y yo vivo esperando ese día
seguro que en algún tiempo
vas aprender amarme.

<u>NO SE</u>

Sabes te amo
porque?
no lo se
sé que no duermo
porque tu piel
me da insomnio
sé que no respiro
porque tu aliento
vive en mi
sé que te amo
que sos una
bella rosa lila
las trinitarias
violetas del campo
sé que te amo
porque aun
cuando vivís con el
estas conmigo
volando en el cosmo
abriendo tus pétalos
para acariciar el polen
que de a poco, del todo
hice con mis labios.

TE VOY HACER FALTA

Amaneció el dolor
se llevo a la luna
los besos que en Noviembre
pegue en tu piel
las caricias que erizaban
tus pezones en guardia
solo queda el recuerdo
de las venidas bellas
ríos de amor que,,,
salían de tu vientre
vertidos en mis piernas
tensadas amarradas a las tuyas
en un ir infinito, vigoroso
en multi avenidas de éxtasis
ahogados, tiernos,,,, apasionados

AMA CON O SIN TRAICIÓN

Solo el amor
te hace feliz
porque Dios te hizo
para amar, olvídate del odio
no tiene sentido
no es nada, te hace menos a vos
que al que odias,
amar es ser eterno
para eso hizo Dios el amor.

EXTRAÑO

Que es extraño?
no verte, no sentirte
no acariciarte, no abrazarte
sentir que voy dejando estelas
detrás de mí, que no seguís,
que es extraño?
para mi nada, solo se
que te amo, sin conocerte
para vos no sé,,,
quizás fui tu ilusión
valida, que diluiste en el éter.
no lo sé,,, que es extraño?

EL VACÍO

Si pudiera sentir el vacío de mi alma
algún día volvería y te buscaría
algún día dejaría de amar
si algún día lo encuentro
no sé si es posible hacer eso
te lo llevaste, con todo,,, toda
mi capacidad de amar, de sentir
de acariciar, de ser solo yo
un simple mortal que te ama
más allá del amor, de un te quiero
de un te extraño, de un te necesito
y que me dejaste vacío, pero no ,,,
quiero regresar,,,, no dejalo es tuyo
lo hice para vos para que sepas
que en algún lugar, tenes invisible
la felicidad que domina, embriaga
y te levanta del arcano, ese es,,,
mi vacío,, es tuyo,,, que seas feliz.

NO HAY PERDÓN

El perdón no existe
porque solo Dios
tiene el poder de perdonar
por eso ama, ama, ama
y no importa, si te equivocas
no importa si traicionas
lo que importa es que
tu corazón funciona para amar.

NO ES SUFICIENTE

No basta decir te amo
solo son palabras
que el viento lleva y trae
amar es conocerte
verte, oírte, acariciarte
sentir que estás conmigo
viviendo en la música
del silencio, cautivada
en mi corazón, presa
de tu voz amarrada
en los trazos de mi piel
ver la luz en la oscuridad
acariciar la luna en el día
hasta tocar el horizonte
es amar más allá,,, del amor
con vos, en los pasos
de mis abras, siguiéndonos
en las estrellas, en las nubes
en cada hálito de voz
que alcanzamos en el éxtasis
sintiéndonos en el sereno del aura
ocupado, vehemente en el abismo
de tus piernas, obediente,
silenciosa, pegada a cada
palabra salida de mi voz.

PIENSO

Pienso que si digo
lo que pienso
dejaría de pensar
dejaría de existir
vos tal vez quizás, solo tal vez
te vas a reír pero,,,,,
solo se que,,,,,, te amo
porque? ,,,, no lo se
te amo y,,, punto.

QUE HAGO

No sé qué hacer de mi vida
vos,,, no estas, tu traición
borro los caminos, las abras
ahora solo recuerdo la pasión
los besos, la ternura habida
lo invisible, sensiblemente bello
aún tus camanances, tu sonrisa
todo astucia, sacramental dolor
que solo pude avistar, en el rocío
de la madrugada esperando al Sol
con la esperanza ingenua, por,,,
creer en la avenida de tus labios,
el deseo inviable de procurar ser,,,
feliz, sencillamente, realmente feliz
todo, se lo llevo el río de tu traición
se quedó con vos, en el hemisferio
de tus delirios de grandeza,,, basta
nunca digas basta,, no tenes moral.

SI ME CONOCES

Cuando aprendas a conocerme
ya mi vuelo habrá alcanzado
lo que un día vivió con vos
hasta entonces tu sonrisa
se convertirá en cristal
hasta entonces vos vas,,,
a querer estar en mis brazos
para entonces no voy a saber
cuanto de vos habita mi corazón
pero de algo estoy seguro, vos,,,
vas suplicar, a implorar, vivir
siempre solo metida en mi piel
hasta la vista a ver que encuentro
nos va a tocar en ese entonces.

VOLVÍ AMAR

Que feliz siento que volví
caminando por la alameda
libre, haciendo en mi vida
todo lo que quiero, lo que pienso
pensando que soy y no soy
que estoy y no estoy, ocupando
el cosmo de mis emociones
bajo la voluntad de mis deseos
es saber que vivo en mi mundo
y que todo lo que no alcance
no importa, regreso caminando
enfocado en la meta, sonriendo
gozando pleno de felicidad
ser y no ser, estar y no estar,
lo que tiene sentido es saber
que sonrío y vivo, procurando
estar en medio de la alegría
haciendo la voluntad de Dios
el que todo lo puede y lo ve
hizo al hombre a su imagen
y semejanza, para que gobernara
sobre todo ser vivo y a la mujer
le dio como compañera, en todo
para servirle, respetarlo y obedecerle
si vos sos hombre, si queres ser feliz
adiestrala como Dios manda.

APRECIADA DAMA

En el otoño de mi vida
te quedaste con el otro
me dejaste volando en el éter
piloteando en las curvas de Einstens.

TU VENIDA

Espere tu llegada
como agua que,,, baja
como lágrimas de nubes
sentí que tu voz ahogada
impregnaba toda mi piel
desde abajo hasta arriba
salía un suspiro tierno
pleno, vestido de éxtasis
tu espalda arqueada y,,,
tus manos apoyadas
en mis piernas, tu voz salía
en bello susurro, ocupaba
mi aliento, llegamos y venimos
te fuiste toda mía, viniste
toda tuya, alumbrando bella,
alcanzando extenuada el placer.

QUE ES UN POETA

Un poeta escribe metáforas
que lucen amor, ternura, frescura
dolor, tristeza, felicidad, pasión
sensualidad, sueños, esperanzas
un poeta es utópico a ultranza
vive un mundo de belleza
en el tránsito de la verdad
las emociones del poeta
salen de su corazón cósmico
son metáforas que dicen
al lector ese soy yo, es mi vida
si decís la manos amorosas
secaron mis lágrimas, es tierno leerlo
no sabemos cuánto hay de verdad
pero lo entendemos así,,, bien sentido
la poesía también es pasión
interpretamos emociones sociales
que despiertan al pueblo arrodillado
por el hambre y el frío, flagelos de pobreza
y vivimos el dolor del pueblo
en nuestras letras, en las luchas
del pueblo por un mundo mejor
somos simplemente hechos
para morir libres y vivir libres
en mundo de verdad, de paz y amor.

LA CHURECA

Escuchen bolañistas
nos deben tres más…,,,
los niños caminaron
a sus labores cotidianas
esculcaron la basura
y con el hambre
de la Nueva Era Liberal
se comieron tres chocolates…,,,
eran tres bolitas toxicas
los niños caminaron
por última vez
en la sucia Nueva Era.

CHIN CHIN DON QUIQUE

Don quique
gracias por tanto amor
gracias, muchas gracias
por su alta muestra de olor
gracias por mostrarnos
los buenos sentimientos
que alberga en su corazón
gracias por tanta sinceridad.

Sabe, es la primera vez
que lo escucho honesto
al gran empresario respetable
me gusta, me gusta
realmente me gusta
no es bueno que se reprima
que siga aparentando
lo que nunca ha sido.

Que bueno Don Quique
que bueno que ya sacó
su verdadera identidad
que bueno Don Quique
que ya no este reprimido.

Ahora vea
los trabajadores no robamos
porque no tenemos el poder
para comprar subsidios turísticos
o comprar justicia centroamericana
o para trampear CENIS montes alegres
ni mucho menos poner una milca roja
que nos haga multimillonarios.

Ahora vea
Los trabajadores le deseamos
sencillos augurios en su vida
no matarás dice un mandamiento
este es nuestro augurio y esperamos
que no haya sido demasiado tarde
y si es tarde que recapacite.
De verdad don Quique gracias
le remitimos con el mismo cariño
los epítetos tan sinceros que,
con tanta pasión nos obsequió
en nuestro día internacional,
a la espera de su amable repuesta
Chin Chin Don Quique, y que viva
El primero de mayo y Don Quique
CHIN,,, CHIN MILCA ROJA
EN SU HONOR

EL PLANTON

Un día llegue al plantón
el sol golpeó mi piel
la sed secó mis labios
el hambre cerró mi estomago
lánguido mi corazón se detuvo
ya no se escuchó más
y mis ojos se quedaron fijos
abiertos, exhortos...,,,
La Nueva Era Liberal
me negó el pan de la tierra.
Mi alma tierna voló invisible
Cosmopolita, caminó al éter azul.

LA MALDAD

Gritas
como espíritu del mal
ofendes
como concubina de Luzbel
te jactas del poder
bajo el amparo del corrupto.

LA MENTIRA

Nació
en un lugar oscuro del mundo
parió
al hambre, la enfermedad, el desempleo
es hija del subsidio
y puta de los políticos.

LA AVARICIA

Entró por tus ojos
Encendidos con fuegos suntuarios
avasallantes, lujuriosos
el látigo del poder
lo construiste con saña
tu honor lo cambiaste
por un gasto lesivo
y te hiciste Don, Doctor, Patrón
el hombre, el jefe y comandante
y te llenaste de mierda.

XINCA

Cuando vos caigas
las calles de Antigua
se revestirán de flores, de rosas
donde las aves heraldos de amor
palomas, libres, bellas, místicas
traerán tu canto de lucha.
Cuando vos caigas
se alzarán bosques soberbios
de pinos Silvestres
Caobas y Robles preciosos
serán paredes rebeldes
venidas de una cultura
latina, indígena, que han querido
quitar, borrar, exterminar
y quitan, borran, exterminan miles
y nacen, florecen y crecemos millones.
Por eso Xinca, cuando vos caigas
nacerán, florecerán, crecerán
millones de nuevos colores
de nuevos aromas, de nuevos amores
y alli estarás vos con tu esencia
de mujer chapina, pura, mística,
reencarnada, en esos millones de especies
multicolores, multilingües, multiétnicas
solo así podrás caer Xinca, como nuestros
ancestros, recordándonos,
que no hacen falta estatuas,
sino almas para morir y vivir.

SEMAFORO

Si me das lugar
prefiero decirte
que me muero de hambre
que la panza me arde y aún,
si llueve me mojo
que mis lágrimas se secaron
y no encuentro los juguetes
con los que tanto soñé.

Si me das lugar te diría
que prefiero estar en un gran parque
para escuchar el trinar de los pájaros
sentir que el viento me sopla
y que estoy muy feliz,
que sueño con ser un gran médico
que sueño con ser
un ser simplemente feliz.

Si me das lugar
te diría que mi gran iglesia está en el cielo
al lado de papa Chu
que mis hermanitos
que han muerto de hambre
me cuidan y me mandan su brisa
que te veo pasar muy de prisa
cuando vas a tu catedral
para que el señor Cardenal
bendiga tu vida i diga tu misa.

Si me das lugar
te pediría comida, escuelas, zapatos,
ropa, juguetes, trabajo para mi papito

y,

si vos patrón creador de la miseria
político fabricante de mentiras
gobernante cómplice del hambre y el frío
empresarios subsidiados para mal
pastor de altares profanos
padres coimeros y pedófilos
lame huesos, oportunista camaleón,
hijos de las tinieblas,,,,, si me dan todo eso,
mi comida, mis juguetes, mi ropa,
el trabajo de mi papito,

mi derecho a la salud
mi derecho a estudiar
mi derecho a sonreír

a ser un ser
simplemente feliz

yo les regalo para siempre

mi

SEMAFORO.

LUZ INTERIOR

Adentro hay luz, hay verdad,
si la buscas bien te va describir
cuando le preguntes allá adentro
al tiempo, los pasajes de tu yo
cuando te respondas allí adentro
los sabores y sinsabores de tu alma,
si sos vos, si tenes dignidad, autoestima
valores éticos, valores morales, humanos
si tenes personalidad, honor, valor
o simplemente sos el adefesio
sino tenes nada eso y sos el adefesio
el masoquismo te expone en las galería del murmullo
en el abismo de las llamas del mal
sos hija del mal y aunque te decís Cristiana
sos el adefesio viviendo su vida, ocupando su vida.
Ha pasado tanto el tiempo
la vida sigue, el aire aún existe
los sueños siguen volando,
el Sol nos cobija, la Luna nos abraza,
la lluvia nos acaricia, la tierra nos alimenta,
las nubes nos llenan de vida
con el agua que nos da para vivir
siguen habiendo millones de estrellas
hay probablemente gente feliz
de seguro hay millones
de rostros tristes, de caritas sucias
de pies descalzos, de barrigas vacías
hay,,,que hay? Que tenes vos?

mira allí adentro, busca luz
busca verdad, busca compasión,
enfocate, descubrite, encontrate
realmente vale la pena tu camino
te la pasas maquillando la vida
metamorfiando tu cuerpo, quitándote arrugas
perdiendo el tiempo con caras bonitas
pechos ficticios y sonrisas fingidas
somos seres perfectos, busca la perfección
adentro de vos, allí exactamente, allí esta
esta la nobleza, la sabiduría, la belleza
la amistad, el amor, la felicidad,
esta todo, todo este mundo
esta dentro de vos, no fantasees
con otro mundo, no vivas tu vida
con lo que está afuera
acaso vale la pena ver políticos corruptos
decime uno solo, no mejor decime,
la mitad de uno, un cuarto de uno
un décimo de uno, una milésima de uno
tan solo un poquito honrado, tan solo,
un poquito decente, que coma una
o dos veces al día cuanto más,
como come la mayoría del pueblo,
que se vista con ropa de paca
como se viste el pueblo, que viva
en casas humildes, como vive el pueblo,
decime para que queres ver ricos

venidos encomenderos de la colonia
herederos de la corona inmoral
o ricos salidos de cloacas y alcantarillas
te pagan un miserable salario
para tenerte toda tu vida esclavizado
que ganas con verlos vestidos a la moda
con prendas y bacinillas de oro,
ellos se siguen comiendo la manzana prohibida
se visten de mentira para vivir en este mundo
solo les interesa en esta vida, la distancia focal
entre sus ojos y su paraíso terrenal
y se las creen cuando su confesor de sotana
les dice, yo te absuelvo, anda rézate diez avemaría
eso es todo, no te preocupes, eso es todo,
no son Cristianos, no comparten el pan
viven en su mundo de lujuria y riqueza
nunca han llegado, ni nunca van a llegar a Cristo
como se puede llegar a Cristo con riquezas
no podes llegar a Cristo con las manos cargadas de oro
no basta la absolución de la sotana
hace falta vivir como Cristo, cargar la cruz de Cristo
vivir para adentro, vivir espiritualmente
amando a Dios con todo el corazón y con toda la mente
amando al prójimo como a vos mismo,
Cristo murió por nosotros,
nosotros debemos morir por Cristo
para resucitar con él y llegar al cielo
con las manos limpias, vivamos adentro de nosotros,

habitemos con el corazón todos los espacios habidos,
el espacio del amor, el espacio del perdón,
habitemos todos los corazones
llenémonos de felicidad, digámosle no a la tristeza
no a la mentira, no a la maldad, no a la falsedad
digámosle si al perdón, si a la reconciliación
hagamos de este mundo, un mundo justo
un mundo honesto, un mundo de bondad
un mundo de sabiduría, pero, sobre todo
un mundo de amor, de amor a Dios
de amor al prójimo, de amor a la fauna
de amor a la flora, de amor a la tierra
de amor al agua, a los ríos de agua viva
ese mundo está adentro de nosotros
esperando que lo busquemos, nos quiere encontrar
nos quiere abrazar, nos quiere besar, nos quiere perdonar
quiere que algún día despertemos en sus brazos
que algún día sintamos su calor,
sintamos los latidos de su corazón
quiere olvidar nuestro pasado,
quiere hacer nuestro presente
quiere vivir nuestro futuro,
este mundo de luz, de Dios
nuestro mundo de Paz y amor,
nuestro eterno mundo
esta allí adentro de nosotros, esta tan cerca
esta tan vivo, tiene vida, es bondadoso,
es misericordioso, es del trabajador
del obrero, del campesino, es del bien
el que pida recibirá,

el que busca hallará
y el que llame le abrirán
esas bendiciones están dentro de vos,
en lo profundo de tú corazón
es un mundo nuevo,
es el mundo de Jesús Cristo
ese mundo nos espera, nos enseña a volar,
como las aves del cielo, nos da todo lo que pidamos,
nos guía por el abra del amor
nos deja volar, nos deja salir del nido,
nos deja navegar libremente
nos deja decidir entre la bondad y el egoísmo
entre el amor y el odio, entre el bien y el mal
nos deja ayudar al amigo, al prójimo, al hermano
te perdona para que vos perdones,
te ama para que vos ames
así como nosotros hacemos,
así Cristo hará con nosotros
recibiremos el pago de todas nuestras obras
todas nuestras obras están adentro,
nos bendicen, nos llaman, nos protegen,
nos hacen hombres de bien
nos llevan por el sendero de la justicia,
están allí, sembradas en nuestro corazón,
búscalas, míralas, observa bien,
hasta este tiempo cuáles son tus haberes
para saber que vas a recibir, cuáles son tus deberes
para saber que debes hacer, que tenes pendiente
todo se puede lograr, el amor es como el Cielo

es infinito, no tiene límites, ni cercos,
ni patrones, que lo obliguen o lo mancillen,
porque el amor es Cristo
búscalo adentro de vos, muy adentro de vos
hay sombras que te duelen
eso es pasado, por eso Cristo vino
y borró esas sombras, ese pasado
vos y yo solo debemos aceptar
que podemos salvarnos en su nombre
debemos seguir su camino, su verdad y su vida,
solo él es el mediador es la antorcha que nos guía,
no hay ninguna imagen de santo o de virgen
no debemos idolatrar imágenes paganas,
de chicheros y gritos de bolos
si queremos levantar nuestras manos a Dios,
enfoquémonos en el bien, en la ternura,
en nuestra vida interior, en nuestra luz interior
y lo vamos a lograr todo, en absoluto todo,
todo se puede en Cristo que nos fortalece.
La oración es lo que nos fortalece,
es la enseñanza divina, es el enlace
con nuestro Padre Celestial a través de Cristo
Yo soy el camino, la verdad y la vida,
nadie viene al Padre si no es por mí,
la oración es lo más sagrado de todo cristiano
no podemos orar enojado con nuestro hermano
como le vamos a pedir a Dios justicia, prosperidad
si no somos justos con nuestro prójimo

que prosperidad podemos pedir
a nuestro Padre Celestial
si le pagamos mal a otro de sus hijos,
si lo explotamos, si lo humillamos
si somos instrumento de egoísmo
sino sentimos las necesidades
del hermano que no es prospero
el hombre debe ser justo
para que Dios escuche su oración
debe ser el jefe de su casa, amoroso con su familia
drástico con la disciplina, ejemplo de Cristiano
porque Dios hizo al hombre a su imagen y semejanza
para que señoreará la tierra y,
le dio mujer, para que le sirviera y,
no estuviera solo en la tierra
para que la poblara y la prosperara
por el bien común
nosotros todos somos hijos de Dios
tenemos por igual, tenemos cumplida una promesa,
la verdad, el camino, la vida
esta Cristo crucificado por nosotros,
esta Cristo resucitado por nosotros
esta Cristo sentado a la diestra
de nuestro Padre, por nosotros
esta Cristo esperando la orden de su venida,
para la hora del juicio final.
Quizás, no tenemos los valores suficientes
para encontrar la verdad

vamos por la vida dejando huellas invisibles,
tocando calles, trochas, abras
pincelando el horizonte, sin rumbo,
riéndonos de todo, creyéndolo todo
creemos que vamos bien,
que potenciamos nuestra sabiduría felizmente
unos disfrutan su vaso de pinolillo,
otros un vino fino o un agua exquisita
nosotros no contamos nuestras pisadas,
pero, pisamos mucho,
llegamos al mundo desnudos
y vivimos el mundo desnudos
andamos ropa, porque nos cubrimos con algo,
tenemos algo encima, hay mucha hambre,
el mundo es un mundo realmente miserable
está lleno de pobreza, de tristeza,
de llanto, de dolor, de egoísmo
y nosotros no tenemos
el valor al menos de reflexionar
tener una ínfima idea de lo que pasa,
creemos que todo es natural
nuestras huellas son invisibles
porque no tienen contenido
están vacías, las calles, las trochas,
las abras, no las cambiamos
solo reímos para afuera, no gozamos el alma,
recreamos el cuerpo, somos felices
porque pensamos, porque creemos

que comemos, que nos vestimos,
que tenemos techo y una cama,
para cruzarnos las piernas
la verdad que vivimos
este mundo desnudos, sin garantía
ni tu vaso de pinolillo o tu fino vino
te van a enseñar, que has puesto
miles de pisadas y que todas son erradas
el miedo nos inunda, unos creemos
que el patrón nos va castigar
otros creen que el patrón
no los va dejar robar, siempre el patrón
nos da miedo morir, no conocemos la verdad,
nacimos y morimos, nos falta resucitar,
la vida es un soplo, cuando llegas a viejo
te das cuenta que no queres morirte,
pensas que te queda mucho
porque no viviste, vacio de alma
caminaste como muerto por la vida,
vos sabes, se vive cuando tu vecino,
tu prójimo recibe ayuda
degusta tu pan, recibe el calor de tu techo,
bebe tu agua, se vive cuando el hambre
de tu vecindario es menos
que cuando llegaste, hay menos sed y,
menos dolor y menos llanto
que tu felicidad existe
porque tu prójimo recibe amor

eso es vivir, eso es dejar huellas,
eso es hacer vida
eso es llegar a Cristo,
eso es vivir como Cristo,
eso es morir en Cristo.
Cuando ves pasar el agua
en un rio cristalino, fresca, natural, dulce,
el agua es la vida, es bendita
los bosques, grandes árboles frondosos
rebosantes de oxigeno
nos dan vida, nos dan frescura,
son casas de aves y de congós
la tierra arada, con infinitos surcos paridos
trigo, maíz, frijoles, yuca, plátanos, boniato,
las hortalizas sabrosas que nacen en flor
zanahorias, rábanos, pepinos, remolacha, lechuga
podes ver cualquier belleza natural,
delante de vos podes ver vida,
emoción, pasión, ternura,
rosa, claveles, azaleas, trinitarias, musgos
con olor a vida, a sol, a luna, a agua, a tierra
hay tantas bellezas en el cielo,
luciérnagas, palomas, gavilanes,
águilas, lechuzas, lapas, colibrís,
el mar inmenso con sus olas columpia vaivenes,
danzan cuerpos marítimos al eco de caracoles
el pargo rojo, la corvina, la tortuga, camarones,
langostas, don tiburón, doña ballena,
don pulpo, doña foca, don pingüino

bucean al natural, todos elegantes
en el fondo azul del océano
los peces de agua dulce, el guapote,
don gaspar, la mojarra
toman el sol en la superficie de los ríos y,
los lagos y las algunas,
esa es parte de la naturaleza
en que vivimos los hombres
que podemos disfrutar con amor y,
para el bien común
es lo que Dios puso a nuestra disposición
para compartirlo, para gozarlo
pero vino lucifer y lo taso,
a todo le puso un precio, si queres comerte
una fruta o un pescado o alguna hortaliza
tenes que pagar y sino tenes trabajo,
robas o te morís, el patrón manipula lo básico,
educación, alimento y techo
el sistema es el mal, es diabólico,
manejado por dones malévolos
gobernantes y secuaces hacedores
del oprobio y la desolación
luceferinos, matan de hambre
a miles de inocentes niños
el sistema a dos les da todo y,
a los pobres los flagela
con el cáncer de la pobreza
y la lacerante ignominia

Dios nos enseñó el camino,
nos mando a Cristo
para que recuperemos la naturaleza
perdida en el Edén, todo lo perdió Adán,
la maldad fue más astuta y lo engañó
todo nace de la desobediencia,
del poder material, del egoísmo
lucifer ordeno al hombre
parcelar hasta las aguas
los campos tienen dueños ególatras,
mancillan al trabajador
por cuatro centavos, por hambre,
por dolor, por miseria
los patrones son fabricas del hambre
y de miseria y de enfermedades
por eso Cristo nos dijo,
es más probable que un camello
pase por el ojo de una aguja,
que un rico entre al reino de los cielos
quizás, existe la posibilidad
de que un rico llegue a Cristo
que sea bendecido por amar
y proteger a su prójimo
no todo está perdido para un rico,
solo tiene que ofrecer su corazón
aceptar a Jesús Cristo, reconocer
que es hijo de Dios y su único salvador
cuantos patrones son Cristianos
y educan, quitan el hambre, cobijan

sanan enfermedades visten, calzan,
ayudan a sus trabajadores, busquémosle
y cuando los encontremos, de verdad
respetémosle, apreciémosle, cuidémosle
esos son dignos hijos de Dios,
hermanos que comparten las riquezas
son poseedores del don de gobernar
para el bien común, con amor a Cristo
Dios es el dueño de todo, el hombre
administra para bien o para mal.
Los hombres por nuestros pecados
vivimos estériles de bendiciones
todos pagamos el precio de la maldad,
el mal taso la existencia humana
solo Dios que lo puede todo,
puede salvarnos, como se lo prometió
al Rey David, que de su casa
saldría el Salvador del Mundo, el Mesías
venido de las misericordias de David,
para hacer un reino eterno
quien sino Dios hizo que Isabel una anciana
esposa de Zacarías otro anciano
diera a Luz a un niño en el ocaso de su vida,
quien lo iba a creer, el Ángel Gabriel apareció
y dijo, Zacarías no temas, tus suplicas
fueron escuchadas, tu mujer Isabel
dará a luz un niño y lo llamaras Juan
quien precederá al Señor con el espíritu
y el poder de Elías y estará lleno

del Espíritu Santo desde el seno de su madre,
Zacarías desconfiado le dijo
pero yo soy anciano y mi esposa de avanzada edad,
El Ángel respondió, yo soy Gabriel
el que está delante de Dios y me enviaron
a darte esta noticia pero has desconfiado,
por eso te quedaras mudo
hasta que todo esto suceda,
solo el poder de Dios lo mueve todo,
ni las hojas de los árboles se mueven
si no es por su poder, quien dice que el dinero
lo puede todo, puede el dinero
detener el Sol un día, Dios ordenó,
Sol detenete en Gabaón, y vos Luna,
en el valle de Ajalón y el Sol se detuvo,
y la Luna paró, ese día Jehová de los ejércitos
peleó por Israel, escucho los ruegos de Josué
y los amorreos fueron vencidos
puede acaso la NASA detener el Sol
y parar la Luna un microsegundo
la NASA no puede, pero si pudo comprobar
que a la suma de los tiempos, le falta casi un día
y 40 minutos, el día que Dios
escucho a su siervo Josué y el día que Dios
retrocedió la sombra diez grados
por su siervo Ezequías, exactamente el tiempo
que la NASA necesitaba para sus cálculos científicos
ese es mi Dios, ese es nuestro Señor
hacedor absoluto de todo

el Ángel Gabriel fue enviado por Dios a Nazaret
a darle un mensaje a María, alégrate llena de gracia,
el Señor esta con vos, vas a tener un hijo
y lo vas a llamar Jesús, será grande y,
será llamado el hijo del altísimo
María contesto pero soy virgen, el Ángel dijo,
el Señor te va cubrir con su sombra
el niño va ser santo y va ser llamado
el hijo de Dios, el Mesías
esa es María, la única mujer bendecida por Dios
para tener a su hijo, para criar a su hijo,
para besarlo, mimarlo, adorarlo desde niño
María bendita entre todas las mujeres,
fecundada por el Espíritu Santo, no es virgen
porque algún hombre la decreto virgen
y la puso en un altar, es virgen
porque Dios así quiso que sucediera,
porque Cristo es Santo
no es la virgen de las parroquias sin vida,
hecha estatua de yeso
María tiene vida, es llena de gracia
como se lo anuncio el Ángel Gabriel
es la María de carne y hueso
que sufrió por nuestro Señor Jesús Cristo
cuando fue crucificado, porque así estaba escrito,
así debía ser, María fue escogida para traer a Cristo
fue a Jesús Cristo que Dios escogió
como camino, verdad y vida, como agua y luz
el que derramo su sangre y se entrego

para lavarnos el pecado y darnos otra vida
si queremos, si tenemos voluntad,
si creemos de corazón, si amamos a Dios
con todo nuestro corazón, toda nuestra alma
y toda nuestra mente, si amamos a nuestro prójimo
como a nosotros mismos, no solo de palabra,
sino de corazón, con obras, con valores Cristianos.
Al mirar atrás vemos lo que fuimos
y lo que ahora no queremos ser
si queremos ser, si volamos más allá del mundo,
si queremos, si vemos adentro de nosotros
y nos sacamos y nos metemos
el camino de la verdad es infinito, es de luz,
es de honor, de felicidad
el camino de la mentira es finito, es de oscuridad,
es de deshonor, de tristeza
ambos están dentro de nosotros,
hemos transitado ambos, vivido ambos
somos honorables porque vivimos lo nuestro,
el fruto de nuestro trabajo
porque compartimos lo nuestro con el hermano,
con el amigo, con la armonía
somos deshonestos por que vivimos
del sudor y del hambre del prójimo
porque nuestros hijos viven bien
y los del prójimo pasan hambre
porque nuestros hijos tienen salud
y se educan bien, tienen cultura general

pueden convertirse en deportistas sublimes,
medalleros, campeones mundiales
son escritores, artistas, profesionales,
tienen empresas, son patrones
y los del prójimo no tienen salud,
son analfabetos, incultos, descalzos
nunca van a ser campeones de ningún deporte,
mucho menos artistas, andan por el mundo
con una mano adelante y otra atrás,
son explotados, desempleados, sub empleados,
están en los semáforos pirueteando
pidiendo monedas, las que vos le quitaste
con tu egoísmo maléfico
vos corres por tu camino finito,
tu prójimo marcha a lo infinito
tus golpes fueron la gloria para él,
lo graduaron de Cristiano
y a vos Cristo te puso a prueba,
ama a tu prójimo como a vos mismo
da de beber al sediento, da de comer al hambriento,
Cristo juzga, bienaventurados los pobres
porque de ellos es el reino de los cielos
el capital no es bien habido, es egoísta,
tiene algo oculto siempre
duele a hambre, a desnutrición, a descalzo,
es del Cesar, es plusvalía
da al Cesar lo que es del Cesar,
a Dios lo que es de Dios

Dios es espíritu, es amor, es perdón,
es compartir, es igualdad
nos ama tanto, tanto, tanto, que nos compartió a su hijo
lo hizo puente, para que nos acerquemos a él,
lo hizo luz, para darnos vida,
para que nunca más vivamos en la oscuridad
lo hizo camino para que lo encontremos
y lo aceptemos, como el mesías,
el Salvador del mundo, el ungido de Dios
el hijo de Zacarías y de Isabel, nacido del milagro
el Bautista consagrado profeta,
preparo el sendero de Cristo
el Jordán se volvió fuente de bautismo
y de salvación, los cielos se abrieron y,
una paloma descendió sobre Jesús Cristo
lleno del Espíritu Santo,
Dios hablo, este es mi hijo amado
Cristo fue tentado cuarenta días
por el Demonio, te doy el oro
de todas las naciones del mundo
si te arrodillas delante de mi
el poder del oro doblega al hombre,
mancilla al hombre,
el oro es el capital del perverso,
patrón y azote de los pueblos
fabricante de guerras, invasor de pueblos,
asesino de la humanidad
Cristo contesto, solo adoraras
y servirás al Señor tu Dios.

Con el poder del Espíritu Santo,
Cristo dijo en la Sinagoga
el poder de mi Padre está sobre mí,
soy portador de sus buenas nuevas
vengo a quitar las cadenas del pecado
a los que escuchen mi palabra
vengo a defender a los oprimidos
del poder de los patrones
los suyos lo echaron de la Sinagoga,
no creyeron en la palabra de Dios
desde entonces se cumplen
las profecías de la salvación
el mundo es una lucha entre
el poder obtuso de los patrones
y los hijos de Dios
por los que vino Cristo, los trabajadores
Dios compartió a su hijo
con la humanidad para salvarla
fue clavado en una cruz
por los romanos que no sabían lo que hacían
resucito al tercer día para subir al cielo
a gobernarnos con el poder del Espíritu Santo,
a los que creamos en él y cumplamos
sus mandamientos amando a Dios con todas
nuestras fuerzas y a nuestro prójimo con nuestras obras
los patrones destruyen la humanidad,
los bosques, los ríos
los mares, la fauna, no han dejado nada,
lo acabaron todo

sus bolsas están repletas de dinero,
esperando el exterminio
masivo de seres humanos
para sustituirlos por robots programados
que solo saben decir sí señor, el mundo es nuestro
millones de hijos de Dios
son asesinados en guerras fratricidas
se oye hasta el cielo el hambre y dolor de los pobres
fabricada por el egoísmo ignominioso
y perverso del patrón
las maquinas se comen los arboles
para llenar de oro al patrón
al trabajador le queda la pestilencia,
la dolencia, la desnutrición, la miseria
bien aventurado el patrón porque
ya ganó el Oscar de la muerte.
La vida del hombre vino por un soplo celestial
Y se hospedo en un paraíso
había de todo, animales, bosques, flores,
ríos, lagos, lagunas y tierra fértil,
el primer hombre se alimentó con el fruto de los arboles
no trabajó, se dedicó a nombrar los animales,
Dios tomó el polvo de la tierra
y con un soplo la vida del hombre
vino del aliento de Dios, vino pura
paso mucho tiempo feliz
el hombre disfrutando del Edén, su casa
el hombre miro la reproducción
de las especies animales

vio como se acompañaban
y se reproducían y sintió la necesidad
de hacer los mismo,
el hombre aprendió de los animales
el arte de reproducirse,
de poblar la tierra, de alimentarse
el hombre le pidió a Dios compañía,
quería reproducirse, tener descendencia
como los animales, alimentarlos, acariciarlos
Dios concedió al hombre compañía
para que poblara la tierra
de su costilla formó una mujer
para que lo acompañara,
le sirviera, para que compartiera con Él el Edén
los dos andaban sin ropas en el paraíso,
no la necesitaban, no tenían maldad,
eran puros de alma y corazón, formados
con el aliento de Dios, no tenían necesidad de nada
Dios le había enseñado al hombre
el árbol con la fruta que nunca debía comer
un día se apareció Satanás,
vestido de víbora, enrollado en el árbol,
y llamo a la mujer del hombre
la que Dios formó de su costilla y la víbora la tentó,
ella aceptó y le dio de su fruta al hombre,
este comió también, la mujer complació a Satanás
y el hombre complació a la mujer
Dios se apareció en el Edén y llamo a Adán,
aparecieron los dos, cubriéndose con unas hojas,

estaban avergonzados, por eso se cubrieron,
así nació la vergüenza en el hombre,
con la desobediencia
Dios le dijo al hombre como desobedeciste
te vas fuera del Edén, ahora vas a comer
con el sudor de tu frente y,
vos mujer como hiciste que el hombre
comiera de la fruta, complaciendo a la víbora,
en contra de mi voluntad
vas a parir con el dolor de tu vientre,
Dios cerró las puertas del Edén
puso un ángel guardián
para que Satanás no se acercara,
el Edén está oculto, de la vista del hombre,
Dios lo va abrir para toda la humanidad, cuando
los hombres estemos listos,
libres de pecados para obedecer,
el mundo es una lucha entre el bien y el mal,
entre la obediencia y la desobediencia a Dios,
los hombres no entendemos aún
que hay un camino, una verdad, una vida,
en forma de puente, que podemos cruzar
si queremos, si tenemos voluntad, si amamos
el amor es único, solo viene de Dios,
él nos creó a su imagen y semejanza,
somos sus hijos amados, el espera lo mismo,
que lo amemos, en toda la historia humana,
estamos enfrascados en matarnos,
luchamos hombres contra hombres,

si amamos a Dios, si aceptamos que Cristo es su hijo
y vino a salvarnos, Dios va luchar
va ser el General de nuestras batallas,
como lo hizo con Moisés
cuando libero a Israel de la esclavitud,
como lo hizo con Josué
cuando le entregó a los amorreos
y sus tierras, la tierra prometida
el patrón no es nadie, el mancilla a los hijos de Dios,
igual que faraón
puede el patrón abrir y cerrar los mares,
detener el Sol y la Luna
puede el patrón caminar en el agua,
como camino Cristo nuestro salvador
puede el patrón formar un diluvio,
como en los tiempos de Noé
puede el patrón abrir y cerrar los mares,
mandar pan del cielo
no puede, el patrón con su oro,
el mismo que Satanás le ofreció
en el desierto a Cristo, puede invadir naciones,
asesinar inocentes, puede usurpar
las riquezas de otros pueblos,
puede en nombre de su defensa nacional,
de su poder económico, de su oro
puede quitarnos la vida,
como lo ha hecho, como lo hace,
como lo va seguir haciendo,
hasta que Cristo venga a salvarnos

a luchar por nosotros,
el oro del patrón se enfrentará, al poder
de nuestro Señor, sus armas, su poderío,
su soberbia, se enfrentará,
a Jehová de los ejércitos,
al ejercito de Ángeles celestiales
que librarán la batalla por nosotros los hijos de Dios
al patrón que ha mancillado a sus hijos,
será borrado de la faz de la tierra
Jehová abrirá la tierra
para enterrar para siempre el odio
hemos pasado toda una vida
tratando de hacer justicia
con nuestras propias manos,
tratando de vencer al patrón
de aprender teorías sociales,
de hacer conciencia, de sensibilizar
hemos perdido muchos hijos,
muchas vidas valiosas
hemos conseguido logros importantes,
hemos tenido pérdidas importantes
al final que tenemos, el patrón existe
y ahora materialmente es más fuerte
y ahora hay más patrones, mas látigo,
más sangre, más humillación
nosotros los hijos de Dios
debemos prepararnos para la batalla,
debemos leer la Biblia,
es nuestra arma, es la palabra de Dios,

nos habla de amor al prójimo,
de perdón, de igualdad,
la conciencia social, la sensibilidad social
es bíblica, es la palabra de Dios,
es el amor entre hermanos, es verdad, es vida.
La lucha por la libertad, la lucha por el amor
ha sido de Cristo, encomendada
a sus apóstoles, apresados por predicar
por hablar en el nombre de Cristo
y liberados por un Ángel enviado por Dios
Esteban fue lapidado por el mal
Saulo de Tarso fue un obstinado perseguidor
encarcelo a miles de hermanos cristianos
Cristo mismo se le apareció y le hablo
ahora te llamarás Pablo y llevarás mi nombre
en presencia de los gentiles, de reyes
y de todos los hijos de Israel
Nerón arrogante, poderoso dueño del oro
incendió los suburbios de Roma
para asesinar a miles de cristianos
Domiciano asesinó a Simeón
desterró a Flavia y ordenó
a todo cristiano debe renunciar a su fe
o será castigado cruelmente
Marco Aurelio ordenó la muerte de Justino
desato la violencia masiva, robos, lapidaciones,
torturó a Blandina y a Potino
Séptimo Severo quemó a miles de cristianos
Prohibió el cristianismo y decapito a Leónidas

Maximino de Tracio desterró a Ponciano
Decio torturo a Fabián a Origenes
Valeriano asesinó a Cipriano y ordenó
el sacrificio de los cristianos a Dioses romanos
Diocleciano arraso ciudades cristianas enteras
estas son las obras del mal
las mismas que utilizan los patrones
en un mundo, moderno, globalizado
torturan, asesinan, a miles de cristianos
la espada es el desempleo, el hambre
los miserables salarios, la falta de salud
la ineficaz educación, cultura, arte
los alimentos con precios altísimos
el mal se trasladó de época a época
ahora se trata de aprobar leyes
de controlar al hombre, que hace, como respira
cuanto trabaja, cuanto come, cuantos mueren
quien sirve, quien no sirve en su fabrica
los hijos de Dios creemos en el bien
esta es nuestra lucha contra el mal
Jehová es nuestro pastor; nada nos faltará.
en lugares de delicados pastos nos hará descansar;
junto a aguas de reposo nos pastoreará.
confortará nuestra alma;
nos guiará por sendas de justicia por amor de su nombre.

FILOSOFANDO-1

Porque la izquierda perdió fuerza?
el marxismo es la prolongación
materialista, convertida en dialéctica
es una teoría viva en constante vuelo
es la lucha de clases entre el burgués
dueño de los medios de producción
y el proletariado, la fuerza productiva
el proletariado debe resolver su situación
económica, ideológica y política
los alimentos el proletariado debe
conseguirlos empujando la lucha económica
con líderes políticos de vanguardia
que por medios políticos defiendan
sus intereses de frente a la política de estado
partiendo de la libertad de pensamiento
la lucha ideológica debe garantizar
que la situación económica y política
alcancen el objetivo de manera eficaz
no se trata de que el líder prospere
utilizando al proletariado como medio
para enriquecerse con su familia
los sindicatos deben defender la política
económica y social del proletariado
luchar, por una salario justo, por beneficios

concretos, trabajos, salud, educación, cultura, deporte, recreación
y sobre todo por el control de los precios
que el salario real del proletariado
le permita comprar los productos necesarios
para llevar una vida digna, sin hambre
para el burgués, la estabilidad económica
del proletariado es un concepto populista
por esa razón se alía con los gobernantes
con el objetivo de doblegar, mancillar
la lucha proletaria
trata de evitar que el proletariado se eduque
para que no comprenda su naturaleza
humana, cruel, desvastadora
el burgués no crea empleos suficientes
paga muy bajos salarios al proletariado
para que no se alimente bien y obligarlo
a que viva en su sistema criminal, diabólico,
de capitalismo explotador
bajo sus reglas, con sus fuerzas políticas y
militares, sindicales, para militares,,, sicarios
y controlando a los zancudos que se
venden por unas monedas mas
al aceptar la política salarial y los precios de
los alimentos ofensivos al trabajador
que los empresarios venden al proletariado

con el concepto demagogo de la oferta y la
demanda líderes que están al servicio
de su ideología política
quién es burgués? el dueño de las empresas
donde trabaja el proletariado
que produce la plusvalía de los empresarios,
de los gobernantes y de los políticos
para este grupo de personajes que se confabulan
en la explotación de las masas trabajadoras ellos
son el ser y la materia, manejando esclavos según
ellos, el proletariado no piensa, no razona
porque no tiene bienes materiales, es un simple peón
no tiene ideas, no tiene conciencia y no tiene alma
no conoce el mundo, su naturaleza, la
tierra que produce esa es la razón
de los estallidos sociales
porque en esencia el proletariado es pensante tiene ideas claras
de la situación que este grupo lo está obligando a vivir,
es un ser vivo inteligente
mira y siente más de lo que el burgués cree
el hambre es mala consejera,
quien la produce?
los empresarios confabulados con los gobernantes y
los políticos y las ratas oportunistas usufructuadas.

CUATRO DE OCTUBRE

Quisiera hablar un poco
no con voz de ingenio
ni voluntad dadivosa
solo quiero sencillamente
hablar un poco.

Quienes somos?
Indios, criollos, ladinos.

El más inteligente
acaudalado hacedor de injusticias
usurero, trampeador de CENIS.

Ocupador de vidas
vos que te decís liberal
vos farsante inventor amarillo
de Osamentas Ancestrales

vos tapudo político cruceño
fabricante de ilusiones malignas
matador perpetuo del honor
asaltante de Arcas Públicas

vos momia del raizón
infeliz oportunista mala paga
destruidor de la felicidad nacional.

Escuchen todos Ustedes
y tal vez algún día se instruyen.

El General Benjamín Zeledón
nunca se rindió, ni se vendió
para que las futuras generaciones
heredáramos la espada del honor
y la cultura de la Paz y el Amor.

EN CONCLUSION

Aunque se que no existo
estoy en las venas de alguien
surcando la savia surgida
por los senderos de la libertad
nadie nace para nada, somos
todos uno solo, caminantes
estamos llegando a la meta
con el pensamiento del ser
con el corazón del estar.

Sobre el autor

Lester Zeledón nació en Managua, Nicaragua el 23 de abril de 1961, de muy joven le gustó leer y escribir, algunos cuentos y poemas de diversos temas, algo que heredó de su madre Marta Miriam Narváez Guerrero.

Algunos poemas de la Concordia recogen poemas desde su juventud hasta la actualidad, son poemas sentimentales en su mayoría y algunos, tienen que ver con la realidad de Nicaragua, de la forma del actuar político de sus líderes, con la única intención de no olvidar la historia para mejorarla en función de las nuevas generaciones.

Argentina López Zeledón nació en La Concordia Departamento de Jinotega Nicaragua Centro América en 1959. En 1980 inmigro a Los Ángeles California donde tiempo después se dio cuenta que tenía gran pasión por la fotografía. De la mano con su Marido aprendió de manera profesional el arte de tomar fotos de paisajes y personas.

Es prima de Lester Zeledón a quien conoció en el Facebook y con quien tiene ideas comunes en cuanto a la literatura y el arte en general, de allí surgió la idea de editar un primer libro de poesías y después otro de fotografía elaborado por Argentina, el cual recoge las mejores fotos de su sublime trabajo.

La idea de Argentina es dar a conocer los valores que existen en la concordia en diferentes campos del arte y la estética de su pueblo que ha sido históricamente bastión de lucha por la libertad de Nicaragua en la creación de la Democracia.

La concordia es la cuna del honor de Nicaragua, ese es el pueblo que vio nacer a Argentina López, la misma que ahora se encuentra en un nivel universal para entender los valores reales de la Justicia y la Libertad, al igual que el General Zeledón decidió luchar por la libertad, ★★★Martí nos enseña ser culto es ser libre★★★ la libertad por la que Zeledón generosamente con sus soldados donaron sus vidas, para que más adelante el General Sandino continuara su lucha y más adelante Carlos Fonseca Amador con su sangre hizo posible la libertad de Nicaragua.

Printed in the United States
By Bookmasters